Le système d'approvisionnement en terres dans les villes d'Afrique de l'Ouest

Le système d'approvisionnement en terres dans les villes d'Afrique de l'Ouest

L'exemple de Bamako

Alain Durand-Lasserve, Maÿlis Durand-Lasserve et Harris Selod

Une coédition de l' Agence Française de Développement et de la Banque Mondiale

Série Forum pour le développement de l'Afrique

Créée en 2009, la collection « Forum pour le développement de l'Afrique » s'intéresse aux grands enjeux sociaux et économiques du développement en Afrique subsaharienne. Chacun de ses numéros dresse l'état des lieux d'une problématique et contribue à alimenter la réflexion liée à l'élaboration des politiques locales, régionales et mondiales. Décideurs, chercheurs et étudiants y trouveront les résultats des travaux de recherche les plus récents, mettant en évidence les difficultés et les opportunités de développement du continent.

Cette collection est dirigée par l'Agence française de développement et la Banque mondiale. Pluridisciplinaires, les manuscrits sélectionnés émanent des travaux de recherche et des activités de terrain des deux institutions. Ils sont choisis pour leur pertinence au regard de l'actualité du développement.

En travaillant ensemble sur cette collection, l'Agence française de développement et la Banque mondiale entendent renouveler les façons d'analyser et de comprendre le développement de l'Afrique subsaharienne.

Membres du comité consultatif

Agence française de développement
Jean-Yves Grosclaude, directeur de la stratégie
Alain Henry, directeur de la recherche
Guillaume de Saint Phalle, Chef de la Division recherche et édition
Cyrille Bellier, Chef de l'Unité de recherche économique et social

Banque mondiale
Francisco H. G. Ferreira, chef économiste, Région Afrique
Richard Damania, économiste principal, Région Afrique
Stephen McGroarty, directeur éditorial, Département des publications
Carlos Rossel, Éditeur

Afrique subsaharienne

CAP-VERT

MAURITANIE

MALI

NIGER

TCHAD

SOUDAN

ÉRYTHRÉE

SÉNÉGAL

LA GAMBIE

GUINÉE-BISSAU

GUINÉE

BURKINA FASO

BÉNIN

NIGÉRIA

RÉPUBLIQUE CENTRAFRICAINE

SOUDAN DU SUD

ÉTHIOPIE

SIERRA LEONE

CÔTE D'IVOIRE

GHANA

LIBÉRIA

TOGO

CAMEROUN

SOMALIE

GUINÉE ÉQUATORIALE

SAO TOMÉ-ET-PRINCIPE

GABON

CONGO

RÉP. DÉM. DU CONGO

RWANDA

BURUNDI

OUGANDA

KENYA

TANZANIE

SEYCHELLES

COMORES

Mayotte (Fr.)

ANGOLA

ZAMBIE

MALAWI

MADAGASCAR

MAURICE

Réunion (Fr.)

ZIMBABWE

MOZAMBIQUE

NAMIBIE

BOTSWANA

SWAZILAND

LESOTHO

AFRIQUE DU SUD

Titres de la série Forum pour le développement de l'Afrique

Africa's Infrastructure: A Time for Transformation (2010) edited by Vivien Foster and Cecilia Briceño-Garmendia

Gender Disparities in Africa's Labor Market (2010) edited by Jorge Saba Arbache, Alexandre Kolev, and Ewa Filipiak

Challenges for African Agriculture (2010) edited *by Jean-Claude Deveze*

Contemporary Migration to South Africa: A Regional Development Issue (2011) edited by Aurelia Segatti and Loren Landau

Light Manufacturing in Africa: Targeted Policies to Enhance Private Investment and Create Jobs (2012) by Hinh T. Dinh, Vincent Palmade, Vandana Chandra, and Frances Cossar

Informal Sector in Francophone Africa: Firm Size, Productivity, and Institutions (2012) by Nancy Benjamin and Ahmadou Aly Mbaye

Financing Africa's Cities: The Imperative of Local Investment (2012) by Thierry Paulais

Structural Transformation and Rural Change Revisited: Challenges for Late Developing Countries in a Globalizing World (2012) by Bruno Losch, Sandrine Fréguin-Gresh, and Eric Thomas White

The Political Economy of Decentralization in Sub-Saharan Africa: A New Implementation Model (2013) edited by Bernard Dafflon and Thierry Madiès

Empowering Women: Legal Rights and Economic Opportunities in Africa (2013) by Mary Hallward-Driemeier and Tazeen Hasan

Enterprising Women: Expanding Economic Opportunities in Africa (2013) by Mary Hallward-Driemeier

Safety Nets in Africa: Effective Mechanisms to Reach the Poor and Most Vulnerable (2015) edited by Carlo del Ninno and Bradford Mills

Urban Labor Markets in Sub-Saharan Africa (2013) edited by Philippe De Vreyer and François Roubaud

Securing Africa's Land for Shared Prosperity: A Program to Scale Up Reforms and Investments (2013) by Frank F. K. Byamugisha

Youth Employment in Sub-Saharan Africa (2014) by Deon Filmer and Louis Fox

Tourism in Africa: Harnessing Tourism for Growth and Improved Livelihoods (2014) by Iain Christie, Eneida Fernandes, Hannah Messerli, and Louise Twining-Ward

All books in the Africa Development Forum series are available for free at
https://openknowledge.worldbank.org/handle/10986/2150

Contenu

Poser le bon diagnostic est un préalable à toute recommandation
pertinente 96
Améliorer l'accès à la terre dans les villes d'Afrique : une question très
sensible 96
Notes 97

Avant-propos

Plus de la moitié de la population mondiale vit aujourd'hui en ville et les agglomérations continuent de croître à une vitesse spectaculaire. L'Afrique est d'ailleurs le continent où le taux de croissance de la population urbaine est le plus élevé. Du fait de l'exode rural mais aussi de la croissance démographique naturelle, la population des villes d'Afrique devrait tripler d'ici 2050 et atteindre 1,3 milliard d'habitants, dont plus de 500 millions résideront en Afrique de l'Ouest. Or, les villes peuvent être de puissants moteurs de croissance en stimulant le développement du commerce, en facilitant l'accumulation du capital humain, en favorisant l'innovation et en permettant une transformation structurelle des économies. L'augmentation significative et rapide de la population urbaine pourrait, de ce fait, constituer une opportunité extraordinaire pour la croissance et le développement économique de l'Afrique.

Il n'est cependant pas garanti que l'urbanisation puisse devenir, dans les années à venir, en Afrique, un levier de croissance comme ce fut le cas ailleurs. En effet, il semble que dans certains pays du continent, l'urbanisation n'aille pas forcément de pair avec la croissance économique, un phénomène qui interpelle depuis longtemps les économistes mais dont on ne comprend pas tout à fait les raisons. En s'intéressant aux dysfonctionnements du secteur foncier dans les villes d'Afrique de l'Ouest qui connaissent une expansion rapide, les auteurs de ce livre mettent en évidence un mécanisme important, qui entrave le lien entre urbanisation et croissance, et proposent un éclairage sur ce qui pourrait être fait pour rétablir ce lien.

En Afrique de l'Ouest, l'expansion rapide des villes pose un défi majeur dans la mesure où elle repose principalement sur un accès informel à la terre, aux services urbains et aux infrastructures. Un seul chiffre rend compte de l'ampleur du problème : plus de 60% de la population urbaine dans les villes d'Afrique subsaharienne vit aujourd'hui dans des bidonvilles ou des quartiers informels. L'expansion informelle des villes crée à son tour des difficultés majeures pour la planification urbaine, la fourniture d'infrastructures et la protection de l'environnement. Au cœur de ces défis ? Le manque de gouvernance foncière, en particulier en matière de gestion et d'administration, et les défaillances du

secteur foncier. Du fait de la coexistence de différents systèmes de tenure foncière, les procédures de mise à disposition de terres pour un usage résidentiel
sont complexes, coûteuses et opaques. Les marchés fonciers connaissent
d'importantes distorsions et n'assurent pas une allocation efficace de la terre.
Pour la majorité de la population urbaine, surtout pour les classes pauvres et
moyennes, l'accès à la terre est devenu très difficile, l'usage et la possession de
terrains sont peu sûrs et les conflits fonciers omniprésents. Autant de facteurs
qui renforcent les inégalités, menacent la stabilité sociale et politique et génèrent
un environnement peu propice aux investissements productifs.

La formulation de politiques efficaces pour s'attaquer à ces problèmes
requiert une compréhension en profondeur du contexte et de l'économie
politique du secteur foncier, notamment de l'accès à la terre. Ce livre propose
une nouvelle méthode ainsi qu'un cadre d'analyse afin d'évaluer les systèmes
complexes de production foncière ainsi que les marchés fonciers et identifier les
interventions nécessaires dans le secteur foncier. En prenant l'exemple de
Bamako, l'analyse met en évidence des enjeux de gouvernance foncière qui sont
pertinents également pour les autres villes de la région. Nous espérons qu'en
s'appuyant sur la méthode proposée dans ce livre, des études similaires réalisées
dans d'autres villes pourront aider à la formulation de politiques foncières
appropriées. S'attaquer aux problèmes fonciers sera déterminant pour que
l'urbanisation de l'Afrique de l'Ouest contribue à une croissance plus inclusive
et à une prospérité partagée et ne constitue pas une opportunité manquée.

Makhtar Diop
Vice-président
Région Afrique
Groupe de la Banque mondiale

A propos des auteurs

Alain Durand-Lasserve est directeur de recherche émérite au Centre national de la recherche scientifique – CNRS – France. Il est rattaché au laboratoire Les Afriques dans le monde, un centre de recherche pluridisciplinaire commun à l'Université de Bordeaux 3, au CNRS et à la Fondation nationale de sciences politiques. Il est membre du Comité technique 'Foncier et développement' (Agence française de développement et ministère des Affaires Étrangères). Au cours des deux dernières décennies, il a été engagé dans des recherches et des consultations pour des agences de coopération bilatérales : (Deutsche Gesellschaft für Internationale Zusammenarbeit; Department or International Development; Millenium Challenge Corporation; Coopération française), des institutions et programmes de coopération multilatérale (ONU-Habitat, PNUD, FAO) et pour la Banque mondiale, principalement mais non exclusivement dans les pays d'Afrique ubsaharienne. Il a publié de nombreuses études sur la formalisation de la tenure foncière et les politiques foncières et de l'habitat.

Maÿlis Durand-Lasserve est économiste de formation (Université de Paris 1). Jusqu'à sa retraite récente, elle a été professeur agrégé de sciences sociales au département de Sociologie de l'Université Victor Segalen, Université de Bordeaux où elle enseignait l'histoire sociale. Elle est actuellement consultante dans le cadre du bureau d'études Geoffrey Payne and Associates, Londres, où elle travaille sur les relations entre marchés fonciers urbains et marchés ruraux dans les grandes villes d'Afrique.

Harris Selod est économiste sénior au département de la recherche de la Banque mondiale. Ses travaux récents portent sur le développement urbain, les transports et les questions foncières dans les pays en développement, avec un intérêt particulier pour l'Afrique de l'Ouest. Il a occupé différents postes à la Banque mondiale, en tant que chercheur invité au département de la recherche, en tant qu'expert en politique foncière détaché par le ministère français des Affaires Etrangères, puis en tant que membre du personnel. Il a co-présidé le groupe thématique de la

Banque mondiale sur l'administration et les politiques foncières (2011-2013) et il est l'un des concepteurs du Cadre d'Analyse de la Gouvernance Foncière, un outil diagnostic aujourd'hui appliqué dans une cinquantaine de pays. Avant de rejoindre la Banque mondiale en 2007, il était chercheur à l'Institut national de recherche agronomique (INRA) et professeur associé à l'Ecole d'économie de Paris (où il enseignait la théorie microéconomique et l'économie urbaine).

Remerciements

Les auteurs sont redevables à Demba Karagnara pour son excellente assistance de recherche et pour la coordination du travail de terrain qu'il a assurée, à Lamine Camara et son équipe qui ont participé à l'enquête sur les transferts de terres, ainsi qu'à Lara Tobin qui a contribué à son suivi et à son analyse statistique et à Brian Blankespoor pour la programmation du logiciel SIG et la réalisation des cartes. Ils sont également reconnaissants à Amadou Cissé, Zié Coulibaly, Wim Dekkers, Moussa Djiré, Juliette Paradis-Coulibaly, Fily Bouaré Sissoko et Christian Vang Eghoff, aux nombreux informateurs et praticiens du foncier au Mali avec lesquels ils ont eu des discussions fructueuses, et aux deux relecteurs anonymes pour leurs remarques et suggestions. Ils ont bénéficié du soutien initial du programme KCP (*Knowledge for Change Program*) de la Banque mondiale, dans le cadre d'un programme de recherche sur l'urbanisation dirigé par Uwe Deichmann, et du soutien du Fonds fiduciaire pour le développement urbain durable (*Multi-Donor Trust Fund for Sustainable Urban Development*). Les points de vue exprimés dans cette étude n'engagent que les auteurs et ne reflètent pas nécessairement ceux de la Banque mondiale, de son Conseil d'administration ou des pays qui y sont représentés.

Acronymes utilisés dans le texte

ACI	Agence de cession immobilière
APIM	Association des promoteurs immobiliers du Mali
CARPOLE	Cellule de cartographie polyvalente
CFAF	Francs CFA
CR	Concession rurale
CRUH	Concession rurale à usage d'habitation
CUH	Concession urbaine d'habitation
DDC-DB	Direction des domaines et du cadastre du district de Bamako
DNDC	Direction nationale des domaines et du cadastre
DRDC	Direction régionale des domaines et du cadastre
LA	Lettre d'attribution
TF	Titre foncier

Résumé

Cet ouvrage propose une approche nouvelle pour l'étude des marchés fonciers urbains et périurbains. Elle s'appuie sur une analyse systémique des filières d'approvisionnement en terres pour le logement. Elle est particulièrement pertinente dans des contextes marqués par la coexistence de régimes fonciers différents et par la complexité des procédures pour obtenir de la terre, comme c'est le cas dans les villes d'Afrique de l'Ouest. Cette méthode est ici appliquée au cas des zones urbaines et périurbaines de Bamako et de son hinterland rural. Elle repose sur la notion de filière d'approvisionnement qui, en partant du statut de la tenure au moment où la terre est mise en circulation pour la première fois pour un usage résidentiel, montre à la fois quel est le processus par lequel cette tenure peut être améliorée et quels sont les types de transactions sur les marchés fonciers. Nous distinguons trois filières : une filière coutumière ; une filière publique et parapublique et une filière privée formelle. La dynamique propre à chacune d'entre elles ainsi que les liens qui les unissent constituent ce que nous appelons le système d'approvisionnement en terres. Cette méthode doit permettre d'anticiper les effets sur l'ensemble du système d'un changement intervenu dans une filière ou un segment de marché spécifique et de mieux appréhender la nature des conflits fonciers. Une meilleure compréhension du système d'approvisionnement en terres apparait ainsi comme un moyen indispensable pour prévoir l'impact possible de mesures politiques foncières sectorielles sur l'accès des ménages à la terre pour le logement.

L'étude s'appuie sur une approche pluridisciplinaire qui fait appel à l'économie, la sociologie, l'anthropologie, la géographie et le droit ; elle utilise des méthodes à la fois qualitatives et quantitatives comprenant une série d'entretiens auprès d'informateurs-clé et d'un large éventail d'acteurs impliqués dans le foncier à Bamako, ses environs et son hinterland rural ; une revue exhaustive des études menées au cours des vingt dernières années sur les politiques foncières, les attributions publiques de terre, les transferts de terres coutumières, les marchés fonciers et les conflits dans la zone ; une enquête quantitative sur les transferts portant, au cours des trois années qui ont précédé l'enquête, sur des terrains non bâtis et une revue de presse sur les conflits fonciers.

L'analyse montre qu'il existe une forte demande de terres pour le logement de la part des ménages qui ont, pour la très grande majorité d'entre eux, un niveau de revenus et d'éducation faible et peu d'accès à l'information et aux acteurs sociaux influents. Face à cette demande, l'offre est limitée. Elle vient pour l'essentiel de deux filières, la filière coutumière, prédominante dans les zones périurbaines, où la terre à usage agricole est progressivement transformée en parcelles à usage résidentiel – cette transformation gagnant actuellement l'hinterland rural de Bamako – et la filière publique et parapublique qui comprend les attributions de parcelles aux personnes et de terrains aux sociétés de promotion foncière et immobilière. Ces deux filières alimentent la filière privée formelle qui délivre des parcelles équipées (avec accès à l'eau et à l'électricité), avec un titre de propriété, à des prix nettement plus élevés. Les parcelles dans les différentes filières peuvent faire l'objet de transactions successives sur les marchés fonciers dont le degré de formalité varie en fonction de la tenure, de la légalité et de l'enregistrement des transactions. Le développement du marché formel étant fortement entravé par toute une série de facteurs (procédures complexes, coûts très élevés de la formalisation, risques liés la contestation des titres de propriété), les systèmes informels sont tolérés voire encouragés par l'administration. Alors que les marchés informels permettent aux ménages à faibles ou moyens revenus d'accéder à des parcelles, la sécurité de la tenure est loin d' être garantie et les prix y restent élevés puisqu'ils attirent aussi les spéculateurs et les ménages riches et dotés de nombreuses relations sociales, qui ont plus de facilités pour formaliser ensuite leur tenure. Quant aux ménages les plus pauvres, ils n'ont d'autre solution que la location pour pouvoir se loger. Les transferts de terres sont caractérisés par une asymétrie dans l'accès à l'information et aux pouvoirs administratifs et politiques. La hausse soutenue des prix, les coûts de transaction élevés et la longueur des procédures à suivre pour formaliser la tenure, l'intervention de très nombreux acteurs et la multiplicité des régimes de tenure contribuent à rendre l'accès à la terre et à la sécurité de la tenure très difficile pour les urbains pauvres. Les nombreuses distorsions dans l'allocation de la terre rendent son utilisation inefficace et son accès particulièrement inéquitable. Cette situation peut avoir des conséquences sociales, économiques et environnementales coûteuses à long terme ; elle contribue, avec une densité d'occupation faible, à l'expansion incontrôlée de la ville, à la multiplication et à la pérennisation des quartiers informels, de plus en plus éloignés du centre-ville, où la sécurité de la tenure n'est pas assurée et l'accès aux services et infrastructures limité. Elle est aussi à l'origine des nombreux conflits qui opposent les populations, les communes, l'Etat, l'administration foncière, le personnel politique et les détenteurs de droits coutumiers, en particulier dans les zones périurbaines et l'hinterland rural.

Chapitre 1

Introduction

Les questions foncières dans les villes d'Afrique subsaharienne

L'Afrique subsaharienne est la seule région du monde où le cadre juridique et institutionnel régissant la terre et où les systèmes de tenure présentent d'aussi fortes ressemblances dans les différents pays, ceux-ci ayant, par ailleurs, à faire face à des défis comparables. Les pays francophones et lusophones d'Afrique de l'Ouest[1] ont hérité de la colonisation un code civil semblable. Les prérogatives de l'Etat en matière foncière sont encore aujourd'hui le plus souvent régies par le principe de la "présomption de domanialité", selon lequel toute terre sur laquelle n'a pas été émis un titre foncier ou sur laquelle n'est pas engagée une procédure de réquisition d'immatriculation au nom d'une personne physique ou morale appartient à l'État. Dans ces pays, la terre est encore dans une large mesure attribuée par l'Etat et, dans un nombre croissant de pays, par les collectivités locales suite aux lois sur la décentralisation. Les attributaires reçoivent en général un droit d'usage personnel (sous la forme d'un permis temporaire d'occuper) ou, beaucoup plus rarement, un droit réel de propriété. Au cours des trente dernières années, des réformes juridiques et économiques, telles que l'adoption de nouveaux codes fonciers reconnaissant, du moins en principe, les formes de tenure coutumière, la libéralisation des marchés fonciers, les politiques de décentralisation, qui ont permis le transfert de quelques pouvoirs en matière de gestion et d'administration foncières aux autorités locales, ou encore le processus de démocratisation ont entraîné des changements majeurs dans les filières d'approvisionnement en terres (voir définitions chapitre 2).

Ces changements se sont produits dans un contexte marqué par la faiblesse de la gouvernance foncière et l'insuffisance des ressources humaines et financières et des moyens institutionnels. Les efforts convergents des organismes chargés de l'aide et du développement et des institutions financières internationales pour accélérer le développement de marchés privés formels (marchés fonciers opérant dans un cadre juridique et réglementaire) n'ont cependant que rarement suscité des changements majeurs dans les modalités d'accès à la terre. Il faut ici préciser que les règles formelles peuvent être respectées pour certaines opérations et pas pour d'autres ; par exemple, la délivrance d'un document administratif est une procédure légale mais la vente de la parcelle sur laquelle il porte, très fréquente, est interdite.

Le développement des marchés fonciers formels[2] a été entravé par toute une série d'obstacles : prix inabordables pour la grande majorité des ménages urbains qui tirent leurs revenus, faibles et irréguliers, d' activités informelles ; système de financement défaillant ; procédures de formalisation de la tenure extrêmement compliquées ; corruption largement répandue dans l' administration foncière et système d' enregistrement et d'information insuffisant. En revanche, les marchés informels, nettement plus accessibles aux tranches de revenus faibles et moyens, se sont fortement développés.

En Afrique subsaharienne, les marchés fonciers sont caractérisés par la forte pression sur la terre qui s' exerce dans les zones urbaines et périurbaines et se prolonge dans l'hinterland rural (voir tableau 2.1). La demande de terres qui ne cesse de croître[3] est confrontée à une offre limitée de la filière privée formelle et des filières publiques (pour les définitions, voir chapitres 2 et 3). En fait, l' accès à la terre pour le logement est encore marqué par la diversité des systèmes de tenure et par le recours, moins coûteux, aux filières coutumières et aux marchés informels (chapitres 3 et 4). On estime qu' entre 60 et 80% de la population urbaine d'Afrique subsaharienne vit dans des quartiers informels (UN-Habitat 2010). La plupart des villes sont caractérisées par la coexistence de plusieurs filières d'approvisionnement en terres avec divers degrés de formalisation, de légalité et de légitimité. Les tentatives pour réformer les institutions chargées de l' administration foncière se sont heurtées à de nombreuses difficultés. Les politiques, instruments et procédures conventionnels mis en oeuvre au cours des dernières décennies pour rationaliser et unifier les marchés fonciers n' ont eu que des résultats limités (Rochegude et Plançon, 2010).

L'exemple de Bamako

Comprendre les filières d'approvisionnement en terres pour le logement, et les marchés fonciers

En raison de son histoire, de son système de tenure, de son cadre juridique, réglementaire et institutionnel, des pratiques administratives et des tentatives récentes pour améliorer la gestion urbaine ; de ses modes d'occupation spatiale ; de son taux d'urbanisation et de son organisation sociale, la situation à Bamako est, dans une large mesure, représentative de celle qui prévaut dans les villes d'Afrique de l'Ouest (UN-Habitat, 2010). Mieux connaître la complexité des filières d'approvisionnement en terres et des marchés fonciers à Bamako ainsi que les facteurs qui les déterminent peut permettre de comprendre les défis auxquels s' est heurtée la mise en œuvre des projets urbains au Mali.[4]

Cette connaissance est importante dans la mesure où l'accès inéquitable à la terre, la part très importante des locataires et occupants à titre gratuit dans le district de Bamako (respectivement 43,4% et 10,2% selon le recensement de 2009 [INSTAT 2011]), dont beaucoup sont très mal logés, et les faiblesses de la gouvernance foncière ont fortement contribué à l'agitation et à l'instabilité sociales (voir chapitre 4). Une marche des "victimes foncières" a réuni plus de deux mille manifestants à Bamako en mars 2012, une semaine environ avant le coup d'Etat qui a renversé le président Amadou Toumani Touré.[5] Plus récemment, au début du mois d'avril 2014, un sit-in a été organisé pendant plusieurs jours à la Bourse du travail à Bamako par les coopératives et associations des victimes d'expropriations qui ont été reçues par le Premier ministre.[6] Bien que les risques politiques liés à la mauvaise gestion foncière et à l'insécurité de la tenure soient mieux pris en compte,[7] la mise en place de moyens plus transparents d'accès à la terre est considérablement freinée par les pratiques clientélistes, la corruption et l'environnement économique, en particulier les faibles opportunités d'investissement qui font de l'achat de la terre un investissement privilégié.

Une meilleure compréhension des pratiques foncières et immobilières à l'échelle de la zone métropolitaine, du fonctionnement des marchés fonciers et de la formation des prix apparaît comme un préalable indispensable à l'élaboration d'une politique foncière et immobilière durable. Il est donc important de pouvoir identifier les options que peuvent avoir les ménages, en fonction de leurs revenus, en matière d'accès à la terre, de tenure et de localisation. Ces options dépendent aussi des possibilités d'obtenir de l'information, de traiter avec l'administration foncière et de s'inscrire dans des relations de clientèle. Les tentatives pour formaliser les marchés fonciers grâce, entre autres, à la création, en 1992, d'une agence de promotion immobilière parapublique, l'Agence de cession immobilière (ACI), ont introduit des mécanismes propres aux marchés fonciers formels dans un système d'approvisionnement en terres (voir définition chapitre 2) dominé par des pratiques informelles et coutumières et par une administration foncière minée par la corruption, le clientélisme et les interférences politiques. La terre est, en effet, fréquemment attribuée à des prix préférentiels sur la base d'affiliations politiques (Bertrand 1998).[8] Des mesures de sauvegarde telles que le programme "Sauvons notre quartier", lancé à Bamako entre 1993 et 1996 pour atténuer l'impact de la pression du marché sur les urbains pauvres, en combinant réhabilitation et régularisation dans les quartiers informels et recasement des ménages déplacés, ont été détournées de leur objectif et n'ont pas donné les résultats escomptés.[9] De nombreuses opérations de régularisation ont été lancées par les communes sans qu'elles aient obtenu au préalable une affectation du domaine privé de l'Etat tandis que les sociétés de promotion foncière et immobilière prenaient une place de plus en plus importante sur les marchés fonciers. On peut donc dire qu'au cours des dernières décennies, les acteurs et institutions ont agi de manière autonome sur les marchés fonciers, sans procédures transparentes, sans pilotage ni orientation stratégique de l'Etat.

Pression démographique, urbanisation et demande de terres pour le logement

Le Mali comptait, en 2010, 14,5 millions d'habitants, dont un tiers environ d'urbains. La zone urbaine de Bamako (le district de Bamako et les 8 communes adjacentes[10]), accueille une part importante des migrants ruraux, dont une trajectoire type est décrite dans l'encadré 1.1 ci-dessous. Le taux d'accroissement naturel y étant très élevé, cette zone connaît une forte pression démographique et la population y est jeune.

Sur la base de projections faites à partir du recensement de la population de 2009 et d'hypothèses plausibles sur le taux d'urbanisation futur dans les communes périphériques (INSTAT, 2011), on peut estimer à 2 350 000 le nombre de personnes qui vivaient, en 2011, dans la zone urbaine de Bamako, dont 1 987 000 (85%) au sein même du district.[11] Les chiffres des recensements

---

ENCADRÉ 1.1

La demande en terres d'un migrant à Bamako

« Pour devenir Bamakois, le candidat à l'exode rural accomplit un long parcours de vie et de traversée de plusieurs terroirs qui passe par les étapes d'insertion dans les fonciers urbain et périurbain pour son installation définitive. Jeune migrant célibataire, sans ressources, il se fait héberger par un logeur, généralement un parent ou une connaissance du village qui l'a précédé dans la cité. Après quelques mois ou années d'activité informelle et avec l'autorisation de son logeur chez qui il peut continuer à prendre son repas familial, ce migrant de longue durée transite dans son voisinage vers la location d'une chambre partagée ou non. La maîtrise d'un métier et sa stabilisation professionnelle par un revenu régulier l'amèneront à prendre épouse et à gagner son autonomie conjugale, alimentaire et résidentielle, dans une nouvelle location de deux ou trois pièces dans une concession familiale, plus ou moins liée au logeur original. Pour échapper à la pression incontrôlée de la location mensuelle à Bamako, l'acquisition d'une parcelle d'habitation devient son objectif prioritaire qu'il va résoudre de manière officielle (administration) ou informelle (coutumier) en zone périurbaine. Le temps de construire et de s'installer propriétaire immobilier demandera quelques années à ce chef de ménage polygame cinquantenaire qui, à son tour, prendra en charge une vingtaine de personnes. »

Source: Hamidou Magassa, in Ville de Bamako (2012), p. 132

de 1998 et 2009 indiquent que la population du district a augmenté en moyenne de 4,8% par an entre ces deux dates alors que le taux de croissance était encore plus élevé dans les 8 communes adjacentes, allant de 6,2% à 17,2%. Si le taux de croissance annuel global reste aux environs de 4,5% au cours des vingt prochaines années, la population de la zone urbaine de Bamako devrait atteindre 3,5 millions en 2020 et environ 5 millions en 2030.[12] Sur cette base, et en supposant que la taille moyenne des ménages et leur consommation en terres restent inchangées, il faudrait disposer, pour pouvoir faire face à la demande de terres à usage résidentiel,[13] de 5 200 ha de terres urbaines supplémentaires en 2020 et d'environ 12 000 ha en 2030, ce qui représente dans tous les cas de figure une très forte augmentation.

Evolutions économique, financière et politique qui ont stimulé la demande

La demande de terres pour le logement a augmenté suite à l'accroissement soutenu, jusqu'à une date récente, du revenu des ménages urbains,[14] à l'émergence d'une classe moyenne qui reste cependant peu nombreuse[15] et aux transferts de fonds des expatriés maliens dont une partie est investie dans la terre. Participent aussi à cette augmentation les changements dans la structure et les normes familiales.[16]

D'autres facteurs économiques et financiers ont contribué à stimuler la demande : étant donné la faiblesse des organismes chargés de collecter l'épargne, l'insuffisance de la protection sociale et le peu d'opportunités pour investir, les détenteurs de capitaux et/ou de fonds oisifs considèrent que la terre est un investissement rentable qui permet de se protéger contre l'inflation. Avec le développement de l'économie de marché, elle pourrait également permettre l'accès aux prêts hypothécaires. Cependant, bien que la vente de terres par l'ACI au cours des vingt dernières années et la demande des promoteurs immobiliers aient contribué au développement d'institutions financières spécialisées dans le logement, les prêts au Mali restent tournés vers le court terme et leur développement est entravé par de nombreux obstacles liés aux insuffisances de l'administration publique : registres d'état civil mal tenus, faux certificats de naissance et d'identité et titres fonciers, pouvant servir de garantie, peu fiables.

Les investissements spéculatifs contribuent aussi significativement à la demande de terres.[17] L'activité des marchés fonciers dépend en partie des stratégies spéculatives de la plupart des acteurs urbains qui cherchent à acheter des parcelles avec l'espoir d'une hausse de leur prix liée à l'extension de la zone urbanisée ou à la formalisation de la tenure. Ces stratégies sont à l'œuvre dans l'hinterland rural, jusqu'à 70-80 km du centre-ville. D'après les intermédiaires et les courtiers, elles sont notamment le fait de commerçants basés à Bamako et de communautés d'expatriés maliens et sont favorisées par les pratiques illégales et la corruption présente dans les institutions étatiques et les administrations locales (voir chapitre 4).

La spéculation est accentuée par le recyclage sur le marché foncier des différents trafics que favorise l'insécurité dans le nord du pays. Ainsi, selon le Groupe intergouvernemental d'action contre le blanchiment d'argent en Afrique de l'Ouest : « La réglementation faible du secteur de l'immobilier conjuguée au régime foncier traditionnel fait qu'il est difficile d'empêcher les criminels d'utiliser les produits de la criminalité pour l'achat de propriétés » (GIABA 2010, p. 31).

Hausses des prix de la terre dans les zones périurbaines

Au cours des cinq dernières années, les prix ont fortement augmenté dans les zones périurbaines de Bamako : plusieurs observateurs font état d'accroissements annuels allant jusqu'à 100% dans certains endroits et la perspective de nouvelles hausses stimule la demande. Les possibilités d'améliorer le statut de la tenure de leur terre et donc d'en augmenter la valeur pour ceux qui peuvent payer ou bénéficier de relations personnelles dans l'administration foncière ont sans doute contribué à accélérer la raréfaction des opportunités moins coûteuses d'accéder à la terre.

La relation entre approvisionnement en terres et cycles politiques

Il existe une similitude entre l'évolution de la vie politique (élections), celle du nombre d'attributions de parcelles par l'Etat ou les collectivités locales, et celle de l'activité du secteur de la promotion clientèle ; avant les élections, des parcelles sont attribuées aux relations de clientèle ; après les élections, les candidats qui se sont endettés pour financer leur campagne, sont tentés de rembourser leurs dettes en vendant pour leur propre compte des parcelles affectées par l'Etat à des opérations de lotissement. Ceci est confirmé par les informateurs clé impliqués dans les opérations foncières et par des travaux de chercheurs (Bertrand 2006, ISTED 2009).[18]

Objet de l'étude, positionnement par rapport à la littérature existante, et plan de l'ouvrage

L'objet et l'originalité de la présente étude tiennent au traitement des marchés fonciers au sein des filières d'approvisionnement en terres pour le logement (voir définitions chapitre 2). Les parcelles et terrains destinés au logement, qui font l'objet de transactions sur les marchés fonciers, ont une histoire qui débute avec leur première utilisation comme terres à usage essentiellement résidentiel et se poursuit dans le temps avec des changements possibles dans le statut de la tenure et l'identité des détenteurs.[19] Ce sont ces changements, décrits avec le plus de précision possible et resitués dans chacune des filières d'approvisionnement en terres qui permettent de montrer combien et comment les marchés formels et informels (voir définitions chapitre 2) sont étroitement liés entre eux, si bien qu'une décision de politique touchant au foncier, dont la portée semble au premier abord limitée, peut affecter l'ensemble des filières d'approvisionnement et les marchés. Ces liens et interdépendances apparaissent dans l'analyse du système d'approvisionnement en terres pour le logement (voir définition chapitre 2) qui montre la diversité des acteurs et des institutions intervenant sur les marchés fonciers, les écarts entre les pratiques et les règles édictées par l'Etat, et les causes des nombreux litiges et conflits fonciers. Le concept de système d'approvisionnement en terres permet aussi de mieux rendre compte des mécanismes par lesquels la terre agricole est progressivement rongée par l'expansion urbaine et de souligner les conséquences de ce processus sur les changements de statut de la tenure et l'évolution des prix. C'est pourquoi l'étude s'intéresse plus particulièrement aux zones périurbaines de Bamako et à son hinterland rural où les changements d'usage de la terre sont nombreux. L'originalité de l'étude vient aussi de ce qu'elle s'appuie sur les apports de plusieurs disciplines, anthropologie, économie, sociologie, droit et géographie et sur une approche à la fois qualitative et quantitative.

Il est nécessaire de préciser que l'étude ne traite pas des marchés immobiliers (acquisition et location de logements) ni du marché de la location de parcelles ou de terrains. Ceux-ci ont une influence certaine sur les marchés fonciers non locatifs (achat et vente). Nombreux d'ailleurs sont les locataires et ceux qui sont logés gratuitement qui aspirent à avoir une parcelle pour y construire un logement. Un certain nombre de ménages, d'autre part, se portent acquéreurs de terrains avec l'objectif de louer à d'autres un morceau de parcelle ou une ou plusieurs pièces, une fois le logement construit. Une analyse des interactions entre marchés fonciers (achat/vente), marché de location de parcelles et marchés immobiliers nécessiterait des recherches complémentaires qui s'appuieraient notamment sur des enquêtes auprès de ménages qu'il n'était pas envisageable d'entreprendre dans le cadre de cette étude centrée sur la seule question, déjà complexe, de l'accès à la terre.

Ce travail s'inscrit dans le prolongement de travaux portant sur les modes d'accès à la terre et les marchés fonciers urbains en Afrique subsaharienne. Les auteurs qui se sont intéressés à cette question—y compris d'ailleurs dans le cas de Bamako—n'ont toutefois pas mis l'accent sur les liens existant entre les différentes filières.

Pour l'Afrique subsaharienne, tout d'abord, Rakodi et Leduka (2004) proposent, sur la base d'études menées dans un panel de villes,[20] une classification des modes d'accès à la terre en sept catégories, plus ou moins importantes selon les villes, en précisant d'ailleurs qu'il est souvent difficile de faire une distinction nette entre ces catégories.[21] Ces auteurs considèrent que les situations d'autoappropriation *stricto sensu* sont rares. Pour eux, les modes informels d'accès à la terre se situent en partie dans la continuité des pratiques de l'administration foncière qui tiennent compte des systèmes de tenure coutumiers, reconnus ou non, codifiés ou non par les gouvernements coloniaux et postcoloniaux. La légitimité des groupes sociaux détenant des droits coutumiers sur des terres qui, de rurales, deviennent urbaines, s'est maintenue et s'impose à leurs membres et à beaucoup de ceux qui achètent leurs terres. Wehrmann (2008) présente, à partir des cas d'Addis-Abeba, Accra, Dakar et Johannesburg, cinq filières en regroupant certaines catégories présentées par les auteurs cités précédemment et en établissant une distinction, qui n'est pas toujours facile à faire, entre systèmes coutumiers et systèmes néo-coutumiers, d'une part, et entre opérations légales, illégales, extra-légales et criminelles, d'autre part. Dans ces deux recherches, les marchés fonciers ne sont pas replacés dans le cadre des filières d'approvisionnement en terres et les achats de terres coutumières sont considérés comme ne faisant pas partie du marché. En s'intéressant à la fois à la production de terrains et aux modes d'accès, Durand-Lasserve (2004) identifie trois filières-type de production foncière et immobilière[22] en retenant deux critères essentiels : les différentes phases du processus de production foncière et les acteurs, publics et privés, qui y sont impliqués. Il insiste sur les liens entre filières et introduit la notion de système : « A l' échelle d'une ville, on peut donc parler d'un système de la production foncière et immobilière, tout changement affectant une filière ayant des répercussions sur le fonctionnement de toutes les autres » (p. 1189).

Les études sur les marchés fonciers urbains en Afrique subsaharienne sont nombreuses. Ont été principalement utilisés les travaux qui évoquent les liens entre les différents marchés, et ceux qui expliquent le développement des marchés informels par la conjonction de la grande pauvreté, de la complexité, longueur et coût des procédures qui permettent d'accéder à la terre et d'améliorer le statut de la tenure en restant dans la légalité, et du prix très élevé de la terre sur les marchés formels (Antwi 2000, Leduka 2004, Kironde 2004, Marx 2007, UN-Habitat 2010, Napier 2010, Syagga 2010).

En ce qui concerne les villes maliennes et notamment Bamako et sa périphérie, diverses études existent, chacune portant sur un aspect précis.

Bertrand (2006) montre ainsi les changements cycliques que connaît la gestion foncière dans le district de Bamako. Le même auteur avait précédemment présenté les « trois régimes fonciers » de la capitale puis avait confronté l'offre publique de parcelles à la demande des ménages, en mettant l'accent sur la segmentation des offres foncières et sur l'impossibilité de parler d'un marché foncier non soumis aux pressions sociales et politiques (Bertrand 1995, 1998). Bourdarias (1999, 2006) expose les conflits autour de l'occupation et de la détention de parcelles dans un quartier de la commune I de Bamako et de l'extension de celui-ci sur les terres d'un village rural. Elle prolonge sa réflexion par une analyse de la mobilisation de la tradition par les différents groupes d'acteurs en conflit, chacun interprétant celle-ci à sa manière.

Dans le cercle de Kati, qui entoure le district de Bamako, Djiré (2006) met en évidence l'augmentation très rapide du nombre de titres fonciers émis, à partir du milieu des années 1990, au bénéfice de l'élite urbaine et au détriment des agriculteurs. Il précise les procédures à suivre pour obtenir de tels titres et leur coût (Djiré 2007). Avec d'autres auteurs, il propose des solutions pour sécuriser légalement les transactions foncières (Djiré et Traore, 2008) et analyse, sur cinq sites, dont deux dans le cercle de Kati, les modalités des transactions monétaires portant sur les terres agricoles (Keita et Djiré, 2009). Farvacque-Vitkovic *et al.* (2007), dans la partie de leur étude concernant le foncier, attribuent l'aggravation des difficultés de la majorité de la population urbaine du Mali, et plus précisément de Bamako, aux coûts très élevés et à la centralisation des procédures à suivre pour obtenir un titre de propriété ainsi qu'à l'épuisement des réserves foncières de l'Etat, la gestion foncière étant marquée par le clientélisme.

Durand-Lasserve (2009) s'intéresse plus particulièrement, dans une commune de ce même cercle, à la hausse du prix des parcelles au fur et à mesure que progresse la sécurisation du statut de la tenure. Bouju *et al.* (2009) étudient les modalités sociales et culturelles des transactions foncières sur plusieurs sites dont deux dans le district de Bamako et deux autres dans le cercle de Kati. Toujours dans ce même cercle mais plus loin de Bamako, dans le village de Soro, commune de Baguineda, Becker (2013) étudie les conséquences sur la vie sociale villageoise de l'introduction des marchés fonciers et du passage de la propriété coutumière de la terre à la propriété privée.

Dans le chapitre 2, est présentée la méthode suivie dans cette étude. Le chapitre suivant décrit les différentes filières d'approvisionnement en terres puis, le chapitre 4 explique les liens existant entre les différentes filières, qui constituent le système d'approvisionnement en terres ; il présente aussi les conflits qui traversent ce système. Le chapitre 5 rend compte des résultats d'une enquête, élaborée sur la base des enseignements tirés de l'analyse du système d'approvisionnement en terres, qui a porté sur les terrains ayant fait l'objet d'un transfert au cours des trois années précédant l'enquête.[23]

Notes

1. L'Afrique de l'Ouest compte 8 pays francophones sur 15, l'Afrique Centrale, 7 pays francophones sur 10. Cette étude s'intéresse à la situation de l'Afrique de l'Ouest francophone dont fait partie le Mali.

2. Pour une définition des marchés formels et informels, voir le chapitre 2.

3. L'Afrique subsaharienne comptait, en 2010, 863 millions d'habitants dont 37% d'urbains. Pour 2025, les projections donnent une population de 1,2 milliard d'habitants dont 45% seraient urbains. Entre 2010 et 2025, la population urbaine devrait ainsi augmenter de 220 millions (UN Habitat, 2010).

4. Voir en particulier les défis auxquels a dû faire face la mise en oeuvre du Troisième Plan urbain soutenu par la Banque mondiale (1996-2005), présentés dans Farvacque-Vitkovic *et al.* (2007).

5. "Litiges fonciers : Plus de deux mille personnes ont marché ce mardi pour réclamer justice," *Afribone Mali*, 13 mars 2012.

6. "Sit-In des victimes d'expropriation : haute tension à la Bourse du travail," *L'Indicateur du Renouveau*, 3 avril 2014.

7. Une série de mesures ont été annoncées en septembre 2014 par le gouvernement du Mali pour réformer l'administration foncière : mise en place progressive d'un système d'information foncière à Bamako ; suspension des transferts de terrains du domaine de l'État aux personnes et aux sociétés pour une période de 6 mois renouvelable ; audit de la Direction des domaines et du cadastre du district de Bamako et du cercle de Kati et sécurisation de leurs archives. (Source : « Le ministre des Domaines de l'Etat, Tieman Hubert Coulibaly, hier face à la presse, » *L'Indépendant*, 5 septembre 2014.) Une lutte active contre la corruption dans le secteur foncier a été engagée pour lutter contre la fraude et la spéculation foncière qui lui est liée.

8. Ceci a été confirmé, au cours de l'étude, par les observations et les entretiens menés auprès d'informateurs-clé et d'un large éventail d' acteurs impliqués dans les questions foncières.

9. Farvacque-Vitkovic *et al.* décrivent ainsi la situation : « Le district de Bamako a lancé en 1992 un programme de restructuration des quartiers informels, Sauvons notre quartier (SNQ), avec comme objectif la restructuration rapide de 24 quartiers spontanés de Bamako. Des difficultés variées — politiques, institutionnelles, financières, foncières et opérationnelles — ont malheureusement mis en évidence les faiblesses du programme qui voulait améliorer les conditions de vie des populations pauvres. Le SNQ n' a jamais réussi à véritablement contrôler les terrains que ce soit dans les quartiers spontanés ou dans les zones de recasement prévues pour les populations déplacées. Ces zones de recasement étaient systématiquement occupées par de nouveaux squatters et non par les populations pour qui elles avaient été prévues. La gestion foncière échappait progressivement à tout contrôle et l'État malien a dû suspendre, pour la première fois, en 1996, l'attribution des parcelles pour stopper la spéculation foncière, ce qui a mis un terme au projet SNQ. »

10. Communes de Baguineda, Dialakorodji, Dogodouman, Kalabancoro, Mandé, Moribabougou, Mountougoula et N'Gabacoro dans le cercle de Kati.

11. La création du Grand Bamako, qui rattacherait quelques-unes des communes péri-urbaines à l' actuel district de Bamako, est en discussion (Ville de Bamako 2012).

12. Selon le rapport "Bamako 2030" (Ville de Bamako, 2012), qui fait l'hypothèse d'un taux de croissance annuel dans le district de 5,4%, la population du seul district atteindrait 6 millions en 2030.

13. Cette estimation grossière des besoins à long terme en terres urbaines nécessaires au logement n' est qu'indicative. Elle ne retient que les besoins en parcelles d'habitation sans prendre en compte les infrastructures essentielles. Elle ne tient pas

compte de ce que les migrants venus d'autres régions du pays ont des revenus plus faibles et s'installent sur des parcelles plus petites (ceci peut d'ailleurs varier selon le type de tenure et de localisation et les prix correspondants). Dans cette estimation, d'autres paramètres qui pourraient aller dans le sens d'une densification ont été écartés : la possible transition démographique (particulièrement dans les villes), la diminution de la taille des ménages pour des raisons économiques et culturelles et les changements possibles dans la physionomie des quartiers (avec le développement d'immeubles à plusieurs étages). On ne tient pas compte non plus de l'impact des politiques de régularisation, de rénovation et d'aménagement des quartiers du centre-ville qui peuvent contribuer à accroître la densité mais qui entraîneront une augmentation de la demande de terres pour le recasement à la périphérie de Bamako.

14. Le taux de croissance réel du PIB a cependant ralenti en 2011 (+2,7%), ce qui a entraîné une baisse de 0,3% du PIB réel par tête (African Development Bank *et al.*, 2012). Selon Perpectives économiques en Afrique du 25 août 2014, le PIB par tête, en 2012, a diminué de 4,2%. En 2013, selon leur estimation, le taux de croissance réel du PIB par tête serait de 2%.

15. D'après La Banque africaine de développement (2011), la classe moyenne, définie comme celle dont la consommation moyenne par tête et par jour est comprise entre 4 et 20$, ne représente que 8,1% de la population du Mali.

16. Bien qu'il ne soit pas certain que les changements dans la structure et les normes familiales aient contribué à la hausse ou la baisse de la demande en terres, il n'est pas improbable que la baisse modeste de l'indice de fécondité dans les zones urbaines soit plus que compensée par la décohabitation des générations plus jeunes, ce qui contribuerait à la croissance de la demande de terres.

17. On peut qualifier de spéculatifs les investissements qui n'ont pas pour but la construction ou l'usage productif de la terre mais sa conservation sans construction pour la revente lorsque sa valeur augmentera.

18. A ce propos, Coulibaly et Traoré (voir Ville de Bamako, 2012) font état d'une interview avec le directeur d'un cabinet d'expertise en ingénierie de projet et développement territorial qui déclare : "Le système politique est un peu pervers au Mali dans la mesure où pour être le premier élu sur la liste, il faut financer la plus grande partie de la campagne. Si bien que certains s'endettent pour financer la campagne en se disant qu'ils rentreront dans leur frais après les élections en vendant quelques terrains ou en faisant un lotissement".

19. Les héritages font partie de l'histoire des terrains et parcelles. Si les héritiers gardent la parcelle, font enregistrer la mutation, ce qui est relativement rare, et ne procèdent pas à un changement du statut de sa tenure, l'histoire de la parcelle s'arrête provisoirement là.

20. Eldoret (Kenya), Enugu (Nigeria), Gaborone (Botswana), Kampala (Ouganda), Lusaka (Zambie) et Maseru (Lesotho).

21. Ces catégories sont : (1) l'attribution de terrains publics, (2) l'achat de terrains sur le marché, (3) l'obtention de terrains par les canaux coutumiers encadrés par l'Etat, (4) l'obtention de terrains par les canaux coutumiers pour les membres du groupe, (5) l'achat de terrains coutumiers, (6) l'attribution par des représentants des autorités et (7) l'auto-appropriation.

22. Filières étatique, capitaliste et populaire.
23. L'enquête, menée entre février et avril 2012, couvre le district, les zones périurbaines de Bamako et son hinterland rural.

Documents de référence

African Development Bank. 2011. "The middle of the pyramid: Dynamics of the middle class in Africa", *Market brief*, April 20.

African Development Bank, OECD, UNDP and UNECA. 2012. *African Economic Outlook 2012*, OECD Publishing, Paris.

Antwi, A.Y. 2000. Urban land markets in sub-Saharan Africa : a quantitative study of Accra, Ghana, Thèse soumise pour l'obtention du doctorat, Napier University.

Becker, L. 2013. "Land sales and the transformation of social relations and landscape in peri-urban Mali", *Geoforum*, 46, pp. 113-123.

Bertrand, M. 1995. « Bamako, d'une République à l'autre », *Annales de la recherche urbaine*, 66, 40-51.

Bertrand, M. 1998. « Marchés fonciers en transition. Le cas de Bamako, Mali », *Annales de Géographie* 602, pp. 381-409.

Bertrand, M. 2006. « Foncier débridé/foncier bridé : enjeu récent de la décentralisation ou alternance centrale dans l'histoire longue des communes urbaines maliennes », in Fay. Cl (ed) *Décentralisation des pouvoirs en Afrique en contrepoint des modèles territoriaux français*. Paris, Bamako. IRD/ISH, pp. 179-198.

Bouju, J., A. Ausseil, M.F. Ba, M. Ballo, H. Bocoum et C. Touquent. 2009. « Dynamique des transactions foncières au Mali : Mountougoula, Baguinéda, centre ville de Bamako, Bandagiara et Ningari », rapport IRAM/CEAMA.

Bourdarias, F. 1999. « La ville mange la terre. Désordres fonciers aux confins de Bamako », *Journal des anthropologues*, 77-78, pp. 141-160.

Bourdarias, F. 2006. La décentralisation, la coutume et la loi. Les constructions imaginaires d'un conflit à la périphérie de Bamako (Mali), in Fay. Cl (ed.) *Décentralisation des pouvoirs en Afrique en contrepoint des modèles territoriaux français*. Paris, Bamako. IRD / ISH, pp. 221-238.

Coulibaly, J et Touré, M. 2009. « Etude sur les pratiques de gouvernance urbaine. » Etude de cas — Mali, Rapport technique. Institut des sciences et des techniques de l'equipement et de l'environnement pour le développement (ISTED).

Djiré, M. 2006. "Immatriculation et appropriation foncière dans une zone péri-urbaine du Mali - Les avatars d'une procédure (nécessaire ?)". Communication au symposium "Les frontières de la question foncière / At the frontiers of land issues", Montpellier, France, 17-19 Mai.

Djiré, M. 2007. Les paysans maliens exclus de la propriété foncière? Les avatars de l'appropriation par le titre foncier. International Institute for Environment and Development, dossier n° 144. Juillet.

Djiré, M., et Traoré, K. 2008. "Assurer la sécurisation légale des transactions foncières : quel rôle pour les intermédiaires et facilitateurs ? Études de cas en zones péri-urbaine et dans le Mali-Sud", Support to the Legal Empowerment of the Poor, Legal Empowerment in Practice – LEP Working Paper. FAO.

Durand-Lasserve, A. 2004. « La question foncière dans les villes du Tiers Monde. Un bilan », *Economies et Sociétés*, 38(7), pp. 1183-1211.

Durand-Lasserve, A. 2009. Harmonisation des systèmes fonciers au Mali par une intégration du droit coutumier au droit formel. Programme d'appui aux collectivités territoriales (Division Gestion du foncier communal). GTZ Mali.

Farvacque-Vitkovic, C., A. Casalis, M. Diop et C. Eghoff. 2007. "Développement des villes maliennes – Enjeux et priorités", World Bank, Africa Region Working Paper Series 104 a. Washington DC.

Groupe intergouvernemental d'action contre le blanchiment d'argent en Afrique de l'Ouest (GIABA). 2010. Rapport de typologies : blanchiment des produits du trafic de stupéfiants en Afrique de l'Ouest. Décembre 2010. Dakar.

INSTAT. 2011. « 4ème Recensement Général de la population et de l'habitat du Mali (RGPH) ». Résultats définitifs, Novembre.

Keita, A. et M. Djiré. 2009. "Les transactions foncières en zones rurales et périurbaines du Mali : quelles leçons pour la loi sur le foncier agricole ?", document de travail, Groupe d'étude et de recherche sociologie et droit appliqué, Faculté des sciences juridiques et politiques de l'Université de Bamako.

Kironde, J. M. L. 2004. "Current Changes in Customary/Traditional Land Delivery Systems in Sub-Saharan African Cities: The Case of Dar Es Salaam", University College of Lands and Architectural Studies, Dar-es-Salaam.

Leduka, C. 2004. « Informal land delivery processes in Mazeru, Lesotho. Summary of findings and policy implications.» Policy brief n°4, International Development Department, School of Public Policy, University of Birmingham.

Marx, C. 2007. *Do Informal Land Markets Work for Poor People? An Assessment of Three Metropolitan Cities in South Africa.* Synthesis report, Isandla Institute and Stephen Berrisford Consulting, with Progressus Research and Development, Urban LandMark, Kenilworth, South Africa.

Napier, M. 2010. *Urban Land Markets: Economic Concepts and Tools for Engaging in Africa, Handbook for Practitioners.* Nairobi, Kenya. UN-Habitat.

Rakodi, C. et C. Leduka. 2004. "Informal land delivery process and access to land for the poor: a comparative study of six African cities." Policy brief 6, University of Birmingham, Birmingham, UK.

Rochegude, A. et C. Plançon. 2010. *Décentralisation, acteurs locaux et foncier : fiches pays,* Agence française de développement et ministère des Affaires Etrangères et Européennes, Paris, France.

Syagga, P. 2010. "A study of the East African urban land market." FinMark Trust and UN-Habitat, Nairobi, Kenya.

UN-Habitat. 2010. *The State of African Cities 2010. Governance, Inequality and Urban Land Markets.* UN-Habitat, Nairobi, Kenya.

Ville de Bamako. 2012. *Bamako 2030 : croissance et développement - Imaginer des stratégies urbaines pour un avenir maîtrisé et partagé*, rapport définitif.

Wehrmann, B. 2008. "The dynamics of peri-urban land markets in sub-Saharan Africa:
Adherence to the virtue of common property *vs.* Quest for individual gain", *Erkunde*,
62 (1), pp. 75-88.

Chapitre 2

Méthodologie de l'étude

Une approche systémique des filières d'approvisionnement en terres et des marchés fonciers

Pour mieux comprendre la nature des transactions portant sur les terrains et parcelles, il est important de situer celles-ci dans le processus qui a conduit à leur mise en vente au moment de la transaction. Le point de départ de ce processus permet de caractériser chacune des filières d'approvisionnement en terres. Les filières ne sont cependant pas séparées les unes des autres ; les nombreux liens qui existent entre elles permettent de parler d'un système d'approvisionnement en terres au sein duquel s'insèrent les marchés fonciers formels et informels. Tout changement affectant une des composantes d'une filière (statut juridique de la tenure, prix, disponibilité, etc.) a un impact sur les autres filières et, par conséquent, sur l'ensemble du système. Une hausse des prix dans l'une des filières peut, par exemple, conduire les ménages à s'adresser aux autres filières (effet de substitution). L'approche systémique des filières d'approvisionnement en terres permet de mieux comprendre la nature des conflits sociaux qui se nouent souvent à la jonction des différentes filières. Cette approche est aussi particulièrement adaptée à l'étude de villes marquées par une expansion rapide et une pluralité de tenures foncières.

Par filières d'approvisionnement, il faut comprendre l'ensemble des étapes du processus par lequel une terre (1) est caractérisée par un statut déterminé de la tenure lors de sa première vente ou attribution comme terre à usage essentiellement résidentiel ; (2) peut faire l'objet d'une amélioration de ce statut, souvent progressive, pouvant aller dans certains cas jusqu'au titre foncier (formalisation complète), qui est rarement obtenu par les premiers acheteurs ou allocataires, et (3) est mise en vente sur les marchés fonciers avant ou après formalisation. La notion de filière d'approvisionnement complète donc celle de marché. Celui-ci ne tient compte que de la transaction sur un terrain ou une parcelle à un moment donné sans que l'on sache ni quel était le statut de la tenure au moment de la première mise en vente ni à quelle étape du processus de formalisation se produit la transaction.[1] La connaissance à la fois du statut de la tenure de départ, des possibilités de son amélioration et des segments de marché sur lesquels la parcelle peut être vendue permet de comprendre les liens entre les différentes filières et donc, le système d' approvisionnement en terres. La recherche du statut de la tenure de départ est particulièrement importante dans les zones périurbaines et dans l'hinterland rural car elle permet, d'une part, de comprendre comment des terres agricoles sont progressivement transformées en terres urbaines et, d'autre part, d'appréhender le fonctionnement des marchés fonciers dans une perspective historique et dynamique : une parcelle à usage résidentiel offerte sur le marché est souvent d'origine coutumière et agricole si bien que tout changement dans l' offre de terres coutumières peut avoir un impact sur les marchés auxquels elles aboutissent *in fine*. Connaître les étapes, longues et coûteuses, du processus par lequel il est possible d' améliorer le statut de la tenure du terrain ou de la parcelle et savoir si les règles relatives aux transactions ont ou non été respectées donnent des indications précieuses sur le degré de sécurité foncière auquel peuvent prétendre en principe les acquéreurs de parcelles. Avec les enseignements ainsi obtenus, il est plus aisé de comprendre les différences entre marchés formels et marchés informels (pour les définitions voir ci-dessous) et d'apprécier la diversité des segments de marché foncier (en fonction des types de tenure, de la conformité ou non aux règles relatives aux transactions foncières, et de l'accessibilité pour les ménages eu égard à leurs ressources et à leur réseau de relations sociales).

Chaque type de filière se caractérise par le statut de la tenure de la terre au moment où elle est vendue ou attribuée pour la première fois pour un usage résidentiel ; son organisation et les étapes à suivre pour améliorer ce statut et formaliser la tenure ; les acteurs engagés et la valeur de la terre (que les prix soient ou non fixés par le marché).

Une attention toute particulière a été portée au lien entre attributions par les autorités publiques et transactions marchandes, et entre marchés formels et informels ; à la diversité des options en matière de tenure dans les différentes filières ; aux effets des différents types de tenure sur la sécurité foncière et la valeur de la terre et, enfin, aux liens existant entre les filières au sein du système d' approvisionnement en terres. Alors que la grande majorité des études ne s'intéresse qu' à une seule filière ou un seul segment de marché, peu d' entre elles (telle celle de Bertrand 1998) analysent les liens entre les différents éléments du système d' approvisionnement en terres.

La distinction entre marchés formels et marchés informels est difficile à établir clairement tant ils sont liés entre eux. Il est préférable de considérer qu'il existe des degrés de formalité des marchés selon trois critères : le type de document reconnaissant la transaction et son enregistrement (voir annexe 4.A) ; la réalité de la détention par le vendeur du document ou titre relatif à la tenure (voir tableau 3.1) et le respect ou non des règles édictées par l'Etat. Le marché le plus formel, sur lequel toutes les règles édictées par l'Etat sont respectées, concerne les transactions sur des parcelles dotées d'un titre foncier ou d'un titre précaire qui sont authentifiées par un acte notarié. Le marché le plus informel est celui sur lequel se déroulent les transactions, avec une simple attestation de vente non authentifiée, sur des terres coutumières sans document administratif (pour une représentation graphique de ces marchés, voir la figure 4.2).

Comme d'autres chercheurs, nous considérons que les marchés fonciers informels ne sont pas anarchiques. Syagga (2010, p. 14), qui note l'importance des marchés informels pour la majorité des habitants en Afrique de l'Est, insiste sur le fait qu'informalité n'est pas synonyme d'absence de règles : « …dans tous les cas, tout informel qu'apparaisse le système sur le plan juridique, les transactions s'inscrivent dans des processus structurés et encadrés par les normes et les procédures locales et jouent un rôle pour pallier les manquements des marchés fonciers urbains ». (traduction des auteurs)

Approches quantitatives et qualitatives associées

Les recherches ont d'abord porté sur le fonctionnement du système d'approvisionnement en terres en analysant le cadre juridique et institutionnel de l'administration et de la gestion foncières à Bamako et ses environs ; en rencontrant les acteurs-clé impliqués dans l'approvisionnement en terres[2] et en identifiant les modalités de transfert des terrains, les modifications éventuelles du statut de la tenure et le rôle des acteurs engagés dans ces opérations. Des informations factuelles ont été obtenues à partir d'articles de presse, parus notamment au cours des trois dernières années (2012-2014). Une enquête quantitative portant sur les transferts fonciers récents à Bamako, les zones périurbaines et l'hinterland rural est venue compléter ces recherches.

Il faut indiquer que l'étude a été menée dans un contexte administratif, socio-économique et politique particulier, marqué par la suspension de l'attribution de terres du domaine privé de l'Etat aux communes et aux promoteurs ; la suspension de l'attribution de concessions rurales[3] et de leur conversion en titres de propriété ; le vote d'une loi modifiant les modalités de résolution des conflits portant sur la propriété foncière ; l'inquiétude croissante de la population et l'agitation sociale relative à la mauvaise gestion et à la corruption de l'administration foncière et les changements politiques et l'instabilité après le coup d'Etat du 22 mars 2012 et la défaite militaire des forces gouvernementales dans le Nord du pays. La présente étude ne doit cependant pas laisser penser que les dynamiques foncières observées sont irréversibles. Les mesures prises par le gouvernement du Mali, en matière de gestion domaniale et foncière, à partir du milieu de l'année 2014 pourraient permettre une réforme durable de l'administration et de la gestion foncières (voir chapitre 1).

La zone étudiée

L'étude s'intéresse à la terre à usage résidentiel, plus particulièrement à la trans-formation des terres encore en partie rurales (à usage principalement agricole) en terres urbaines (à usage principalement résidentiel). C'est pourquoi la zone étudiée s'étend bien au-delà des zones urbanisées de Bamako (équipements continus à forte densité) et des zones périurbaines (à usage à la fois agricole et résidentiel) en continuité avec le tissu urbain. Elle couvre aussi l'hinterland rural qui comprend des morceaux du territoire des communes du cercle de Kati adja-centes à Bamako et une partie des communes du cercle de Koulikoro, lui-même adjacent au cercle de Kati (carte 2.1).[4]

Carte 2.1 Zone de l'étude

Source : Carte préparée par Brian Blankespoor à partir de données de la Direction Nationale des Collectivités Territoriales.

Tableau 2.1 Caractéristiques des zones urbaines et périurbaines et de l'hinterland rural

Zones	Bâti et densité de population	Caractéristiques physiques	Types de marché foncier et prix
Zones urbaines	Continuité du bâti. Densité forte et moyenne-forte	Réseau dense de routes et infrastructures	Marché complètement monétarisé Prix élevés et moyens
Zones périurbaines	Morcellements et lotissements en cours Densité moyenne et faible	Réseau de routes et d'infrastructures en construction	En général, marché totalement monétarisé Prix moyens et faibles.
Hinterland rural de Bamako	Faible densité sauf au cœur des villages et le long des principales routes	Usage essentiellement agricole. Formation de domaines agricoles	Coexistence de transferts coutumiers et de transactions monétaires. Prix faibles (mais supérieurs à ceux de la zone située en dehors de l'influence de la zone urbaine)

Bien qu'il n'y ait pas de définition officielle de ces différentes zones, on peut faire la distinction entre zones urbaines et périurbaines à partir d' observations sur le terrain et d'images satellite. Les zones urbaines se caractérisent par la continuité du bâti ; les zones périurbaines par un mélange de zones rurales incluant des noyaux villageois, de terres encore agricoles et de terres non cultivées en cours de lotissement et de construction, à faible densité. L'hinterland rural ne présente pas de caractéristiques visibles/physiques qui permettraient de l' identifier sur des images satellite. Il peut être défini comme la zone rurale sous l'influence directe des marchés fonciers de la ville, ce qui se traduit principalement par des prix plus élevés que ceux des terres présentant des caractéristiques physiques et des potentialités agricoles semblables (voir tableau 2.1). Par conséquent, l'hinterland rural que devait couvrir l'enquête ne pouvait être identifié avant le travail de terrain ; il l' a été en cours de recherche à partir du relevé des transactions foncières et des prix de la terre.[5]

Notes

1. Voir Dowall (1995) pour une description de l' outil standard d'analyse des marchés fonciers dans les pays en développement.
2. Nous avons rencontré les chefs de village et leurs conseillers dans neuf villages situés dans sept communes (village de Sanankoroba, commune de Sanankoroba ; village de Kanadjiguila, commune de Mandé ; village de Dialakoroba, commune de Dialakoroba ; villages de Kabala et Niamana, commune de Kalabancoro ; villages de Marako and Banankoro, commune d'Ouelessebougou ; village de Kakabougou, commune de Baguineda ; village de Faraba, commune de Faraba), des maires et leurs adjoints dans trois communes du cercle de Kati, le maire d'une commune de

Bamako et un adjoint au maire du district de Bamako, le gouverneur du district de Bamako et son chef de cabinet, des fonctionnaires de la DNDC (Direction nationale des domaines et du cadastre), de la DRDC (Direction Régionale des domaines et du cadastre) et de la DDB-DC (Direction des domaines et du cadastre du district de Bamako), les responsables de l'Ordre des urbanistes du Mali, de l'Association des promoteurs immobiliers du Mali - APIM et du Génie rural, un notaire et trois *coxers* (intermédiaires informels) et les membres du Bureau de la Banque mondiale à Bamako.

3. Décision prise lors du conseil des Ministres du 15 juin 2011.

4. Communes de Baguineda, Bancoumana, Bougoula, Diago, Dialakoroba, Dialakorodji, Dio-Gare, Doubabougou, Kalabancoro, Kambila, Kati, Mandé, Moribabougou, Mountougoula, N'Gabacoro, Ouelessebougou, Safo, Sanankoroba, Sangarebougou, Siby, Tiele dans le cercle de Kati ; communes de Meguetan and Tienfala dans le cercle de Koulikoro et quatre communes de Bamako (I, IV, V et VI).

5. La carte 2.1 ne montre pas la limite qui sépare la zone périurbaine de l'hinterland rural. Ceci demanderait un traitement supplémentaire d'images satellite.

Documents de référence

Bertrand, M. 1998. Marchés fonciers en transition. Le cas de Bamako, Mali, *Annales de Géographie* 602, pp. 381-409. Paris

Dowall, D. 1995. *The land market assessment. A new tool for urban management.* The World Bank: Washington D.C.

Syagga, P. 2010. A study of the East African urban land market, Nairobi: FinMark Trust and UN-Habitat, Nairobi, Kenya.

Chapitre 3

Les filières d'approvisionnement en terres

Il existe trois filières d'approvisionnement en terres :

- La filière coutumière où les premières ventes/attributions à l'origine de la filière concernent des terres coutumières.

- La filière publique dans laquelle les attributions/ventes de terres et les opérations de régularisation sont faites, à l'origine, par les autorités publiques ou parapubliques.

- La filière privée formelle dans laquelle des terrains ou des parcelles équipées (accès à l'eau et à l'électricité) et dotés d'un titre foncier (TF) sont vendus par acte notarié (ou un document équivalent) par des sociétés de promotion immobilière, des coopératives de logements ou des individus.

Comme dans d'autres villes de la sous-région, les attributions de terre par l'Etat et les collectivités territoriales coexistent avec des transactions marchandes.

La classification ci-dessus appelle les remarques suivantes:

Les marchés fonciers se situent à l'intérieur et à l'intersection des filières (voir figures 3.1 ; 3.2 ; 3.3 ; 4.1 et 4.2).

Les pratiques légales et non légales—ces dernières faisant l'objet de la part de l'administration d'un certain degré de tolérance et de résignation—concernent à la fois les attributions et les ventes de terrains et parcelles. Dans la filière publique, les procédures fixées par la loi ou les décrets concernant les attributions et les opérations de régularisation ne sont pas toujours respectées et ceux qui en bénéficient ne font pas toujours les démarches nécessaires pour obtenir un droit d'usage ou de propriété. Les ventes de terres par des personnes privées ou de petits promoteurs, qui les ont obtenues par les filières coutumière et publique, ne sont généralement pas autorisées. (voir la figure 4.2).

On trouve une grande variété de types de tenures dans les différentes filières, en fonction des documents et des droits qu'ils attestent. Le tableau 3.1 présente les trois grandes catégories de documents concernant le statut de la tenure.

Tableau 3.1 Documents et titres relatifs au statut de la tenure

Document ou titre faisant intervenir les représentants de l'Etat ou les communes et la DRDC (a)	Caractéristiques
DOCUMENTS ADMINISTRATIFS (usage résidentiel)	**CES DOCUMENTS NE SONT PAS DES TITRES**
Bulletin ou lettre de convocation (délivrés par les sous-préfets ou préfets).	Témoigne de l'attribution d'une parcelle après morcellement d'un terrain agricole, sans mention du nom du bénéficiaire et avant paiement des frais d'édilté et de viabilisation. Précède l'attribution d'une CRUH (voir ci-dessous).
Lettre d'attribution (communes) (b) Lettre de notification (communes) (b)	Depuis 2002, la lettre de notification témoigne de l'attribution d'une parcelle par une commune. Le paiement des frais de viabilisation et d'édilté et la fourniture de divers documents sont nécessaires pour obtenir une CUH (voir ci dessous)
TITRES PRÉCAIRES	**CES TITRES CONFERENT DES DROITS D'USAGE**
Concession rurale (CR) Etablie sur une terre agricole par la DRDC avec l'autorisation d' un représentant de l'Etat dont le rang dépend de la dimension du terrain.	Obligation de mise en valeur dans les 5 ans sous peine de reprise. Ne doit pas être accordée à l'intérieur du district de Bamako mais il arrive qu'elle le soit. Une redevance annuelle est due. Transformation possible en TF après que la terre ait été immatriculée au nom de l'Etat
Concession rurale à usage d'habitation (CRUH). Etablie par les communes rurales	La CRUH est établie après paiement des frais de viabilisation et d'édilté. Obligation de mise en valeur dans les 3 ans sous peine de reprise.
Concession urbaine d'habitation (CUH) Etablie par les communes urbaines	La CUH est établie après l'attribution d'une lettre de notification et le paiement des frais de viabilisation et d'édilté à la commune qui en reverse 10% à l'Etat. Obligation de mise en valeur dans les 3 ans sous peine de reprise. Une CUH peut être transformée en TF si la commune a obtenu un TF de l'Etat
TITRES ETABLIS AVANT 2002, AUJOURD'HUI, THÉORIQUEMENT ASSIMILÉS AUX CUH OU CRUH MAIS TOUJOURS EN CIRCULATION	
Lettre d'attribution (b) (LA) délivrée par le gouverneur du district de Bamako ou les préfets avant 2002. Permis d'occuper (PO) délivrés par les préfets avant 2002	Titre précaire soumis à l'obligation de mise en valeur sous peine de reprise. Le préfet du cercle de Kati a continué à établir des permis d'occuper jusqu'en 2009 alors qu'il n'en avait plus le droit.

(continue page suivante)

Tableau 3.1 (suite)

Document ou titre faisant intervenir les représentants de l'Etat ou les communes et la DRDC (a)	Caractéristiques
TITRES DE PROPRIÉTÉ (TF)	**CES TITRES DONNENT DES DROITS DE PROPRIÉTÉ**
Titres fonciers établis par la DRDC.	Accordés après vérification de la mise en valeur des terrains en CR, CRUH et CUH.
	Droits d'enregistrement s'élevant à 15% de la valeur de la terre versés à l'Etat.

Notes:
(a) La Direction nationale des domaines et du cadastre (DNCD) a été décentralisée avec la création de Directions régionales (DRDC). Des antennes de la DRDC de la région de Koulikoro ont été installées dans chaque cercle et dans chacune des communes du district de Bamako. On distingue, dans ces antennes, le bureau spécialisé qui s'occupe des titres précaires et le bureau ordinaire qui traite des titres fonciers.
(b) Il est difficile de placer avec certitude la lettre d'attribution dans la catégorie des documents administratifs plutôt que dans celle des titres précaires puisque ce terme semble être fréquemment utilisé pour désigner, en réalité, une lettre de notification. La délivrance des LA aurait dû prendre fin en 2002 suite à la Loi du 12 février 2002 qui modifie le Code domanial et foncier de 2000 et précise : "Les terrains attribués sous la forme de lettre d'attribution ou de permis d'occuper avant l'entrée en vigueur du présent code sont assimilés à la concession rurale ou urbaine à usage d'habitation." D'après ce texte, les LA devraient être considérées comme des titres précaires. Toutefois, les informateurs parlent très souvent d'elles et ne mentionnent que rarement la lettre de notification, document indispensable pour obtenir une concession à usage d'habitation. A propos de la lettre de notification, le décret du 6 mars 2002 précise, en effet : "En aucun cas, la lettre de notification ne saurait tenir lieu de titre d'usage." Si l'on considère que le terme lettre d'attribution fait référence, en fait, à la lettre de notification, alors la LA est un document administratif.

Les documents administratifs bien qu'émis par des autorités publiques (représentants de l'Etat ou des communes) ne sont pas considérés comme des titres. Les titres précaires donnent à leur détenteur l'usage mais pas la propriété ; les titres de propriété (TF) donnent à ceux qui les détiennent la pleine propriété. La sécurité de la tenure devrait logiquement augmenter au fur et à mesure que l'on tend vers le titre foncier et que sont respectées les règles relatives aux transactions. Dans les faits, elle dépend aussi d'autres facteurs tels que (1) la reconnaissance sociale : un ménage dont la parcelle se trouve dans un village ou un quartier où il est connu de tous peut bénéficier de la solidarité de ses voisins en cas de remise en cause de son occupation ; (2) l'enregistrement des mutations, notamment lors d'une succession ; (3) la mobilisation, souvent organisée par des associations, des populations menacées de déguerpissement ; (4) les relations avec l'administration et les pouvoirs politiques, notamment les partis politiques ; ou encore (5) les prix fonciers, la valeur élevée de certains terrains pouvant motiver des tentatives d'accaparement. De plus, la validité des documents et titres, y compris des titres fonciers, est souvent contestée, cette contestation donnant lieu à de nombreux conflits (voir Les conflits dans le système d'approvisionnement en terres au chapitre 4).

Les chiffres portant sur le nombre total de titres précaires au Mali ne sont pas disponibles. Il serait en principe possible de les obtenir en faisant des recherches auprès de l'administration mais cela semble extrêmement difficile. Quelques chiffres indicatifs concernant le nombre de ménages disposant d'un titre de propriété (TF) ou le nombre de terrains avec titre de propriété, sont disponibles pour le district de Bamako et le cercle de Kati. Le nombre de ménages propriétaires qui détiennent une parcelle ou un terrain avec un TF, au Mali, apparaît dans le recensement de 2009. Ils seraient, dans l'ensemble du pays, 117 897, soit 8,5% des ménages "propriétaires". Le pourcentage est plus élevé, 27,7% pour l'ensemble des zones urbaines. Des données existent par région et pour le district de Bamako où les ménages avec TF seraient au nombre de 36 895, soit 38,6% des ménages « propriétaires ». En revanche, le recensement ne donne pas d'information spécifique pour le cercle de Kati. D'après Djiré (2013), dans ce cercle, le nombre de terrains avec TF a été multiplié par 4,7 entre le début 2005 (14 314) et la fin 2012 (66 988). L'auteur note en particulier une très forte accélération en 2011 et 2012. La progression s'est encore accentuée sur la période 2013-1er trimestre 2014, le nombre de terrains avec TF atteignant 87 945 le 15 avril 2014.[1]

La lecture du tableau 3.1 ci-dessus permet de voir qu'il y a une différence importante entre pratiques légales et pratiques réelles ; c'est la raison pour laquelle s'en tenir uniquement aux textes officiels (voir annexe 3.A pour les lois, décrets et autres textes relatifs au foncier) ne permet pas de bien identifier le statut de la tenure. Les entretiens avec les informateurs, y compris les agents responsables de l'administration foncière, ont montré qu'ils ne sont souvent pas d'accord entre eux sur le sens des mots utilisés pour décrire les statuts de la tenure.

Les filières sont représentées par des figures 3.1; 3.2 et 3.3 dans lesquelles les différentes étapes du processus à suivre pour aller jusqu'à l'obtention d'un titre de propriété tiennent une place importante. Ce processus ne concerne pas le plus souvent le premier acquéreur du terrain et ne dépend pas seulement des démarches des individus puisque les pouvoirs publics mènent des opérations de régularisation de la tenure. Généralement, le processus est interrompu par une vente : le nouvel acquéreur peut continuer à améliorer la tenure et vendre le terrain avant d'avoir obtenu un titre précaire ou un titre foncier et la situation peut se répéter avec d'autres ventes. Par ailleurs, des retours en arrière dans le processus peuvent se produire : par exemple, lorsque le bénéficiaire d'un document administratif sur une parcelle décède et que la mutation de la parcelle n'est pas enregistrée, ses héritiers possèdent bien celle-ci mais n'ont pas de document à leur nom.

La filière coutumière d'approvisionnement en terres

La tenure coutumière au Mali
Le terme "propriété" coutumière de la terre renvoie à la possession communautaire des droits d'utiliser la terre pour la culture ou l'élevage par un groupe partageant une même identité culturelle. La terre se transmet de génération en

génération et a un caractère sacré. Le chef de terre[2] est responsable de l' attribution, au nom du groupe, des droits d'usage qui reviennent en priorité aux membres du clan ou du lignage mais qui peuvent aussi être accordés à des personnes extérieures au village, sans transaction monétaire, en contrepartie d'une allégeance ou d'une reconnaissance orale de dette. Progressivement, les étrangers ont pu obtenir de la terre en échange de cadeaux ou d'une somme d' argent. Au cours des vingt dernières années, les pratiques en matière de gestion des terres coutumières se sont modifiées (Toulmin et Quan, 2000). Dans la plupart des pays, elles ont montré une capacité d'adaptation surprenante au nouveau contexte économique et social lié à la globalisation des économies nationales et à l' extension rapide des zones urbaines.

Aujourd'hui, il reste peu de terres coutumières dans le district de Bamako où elles ont été pratiquement toutes vendues ; elles restent, en revanche, importantes dans les communes rurales périurbaines et dans l'hinterland rural de la ville. Dans le district, les quartiers périphériques se sont progressivement étendus sur des terres qui avaient été autrefois concédées par des chefs de villages ruraux à de nouveaux arrivants. Le chef de quartier, désigné par les nouveaux arrivants, joue le rôle de médiateur entre les nouveaux arrivants et le chef de terre villageois. Bourdarias (1999) décrit ce processus pour le quartier de Dianguinabougou, dans le nord de la commune I, et observe, dans les années 1990, que les droits des chefs de terre, désormais éteints dans les zones à habitat dense, se maintiennent sur les terres situées au-delà de ce bâti dense, notamment sur le territoire de villages ruraux dont une partie a été vendue. Dans le cercle de Kati, sur le territoire de la commune de Baguineda étudié par Bouju *et al.* (2009), ce sont les familles appartenant à la communauté qui gèrent et vendent les terres qui leur reviennent. Le chef de terre, qui est aussi chef de village, n' a plus d' autre rôle que celui de contrôler la validité des ventes. Dans le village de Soro, dans cette même commune, Becker (2013) observe que le droit de vendre la terre semble implicitement reconnu aux familles appartenant aux lignages l' ayant occupée les premiers.

Les droits coutumiers sont reconnus par l'article 4.3 du Code domanial et foncier de 2000 qui affirme qu'un individu ou un collectif détenteur de droits coutumiers ne peut être privé de ces droits sauf en cas d'intérêt public, auquel cas une compensation équitable s'impose (Djiré et Traoré, 2008). Les décrets d' application n' ont cependant pas encore été adoptés. La question a été abordée lors des Etats généraux du foncier (République du Mali, 2010) mais aucune décision n' a été prise quant à la reconnaissance formelle de la tenure coutumière et à la transférabilité des droits coutumiers. L'Etat peut immatriculer à son nom une terre coutumière ; dans la pratique, il procède à la purge des droits coutumiers : il n'indemnise pas la perte de la terre mais seulement la perte des récoltes sur pied et des autres améliorations apportées à la terre. Ceux qui, lors de l'immatriculation au nom de l'Etat de la terre, l' occupent avec l'autorisation des propriétaires coutumiers mais sans avoir de documents écrits n'ont pas droit à une compensation. Ils peuvent cependant bénéficier d'une régularisation de leur occupation et entrent alors dans la catégorie des personnes présentes dans la filière publique (voir La filière publique et parapublique plus loin dans ce chapitre).

Bien que la propriété coutumière soit reconnue officiellement, les détenteurs de droits coutumiers n'ont aucun document la garantissant. Ils ne peuvent justifier de leur occupation qu'en se référant à l'ancienneté de celle-ci et à la mémoire collective qui donne une place essentielle aux accords oraux.

Les ventes de terres coutumières

Les menaces explicites d'expropriation/confiscation des terres coutumières dans les zones périurbaines de la part des représentants de l'Etat, les pressions exercées par les collectivités territoriales (qui offrent des possibilités de recasement aux ménages du district de Bamako évincés suite à une opération de régularisation ou de réhabilitation) et l'espoir d'obtenir un bon prix incitent les propriétaires coutumiers à morceler leurs terres pour les vendre aux promoteurs et aux *coxers*[3] ou à accepter un morcellement préfectoral (voir ci-dessous). Ces pratiques, qui sont fréquentes et qui ont été observées dans tous les villages des zones périurbaines visités, contribuent à la spéculation foncière et sont une des sources de corruption dans l'administration foncière. Quand on s'éloigne de Bamako, les villageois se montrent réticents à parler de ces ventes qui sont une atteinte au caractère sacré de la terre. Lors de son travail de terrain, Becker (2013, p. 120) observe : « Personne n'était à l'aise avec les ventes de terres ; même ceux qui les pratiquent en parlent avec gêne ou en étant sur la défensive. Les ventes de terres étaient contestées, même au sein du lignage fondateur » (traduction des auteurs).

Il y a aujourd'hui quatre modalités de vente de terres coutumières dans les zones périurbaines et l'hinterland rural de Bamako :[4]

1. La vente à des individus qui vont l'utiliser pour des travaux agricoles. Ces individus peuvent ensuite morceler pour vendre des parcelles (voir 3, ci-dessous).

2. Le morcellement puis la vente de parcelles individuelles par les propriétaires coutumiers eux-mêmes. Quoiqu'illégale, cette pratique, parfois qualifiée d'opération de lotissement coutumier,[5] permet à l'acheteur de payer sa parcelle beaucoup moins cher[6] qu'en s'adressant à la commune ou à l'Etat (voir ci-dessous La filière publique et parapublique) et d'obtenir, suite à des procédures longues, complexes et coûteuses, un titre précaire. Les coutumiers font souvent appel à un intermédiaire, qui peut être un jeune appartenant à une famille du village, qui se rémunère lui-même largement en parcelles. Les propriétaires coutumiers peuvent aussi demander à

la DRDC une concession rurale pour leur terre (voir annexe 3.B), procéder au morcellement et vendre les parcelles. Cependant, en l'absence d'un système fiable d'information foncière et de plans de morcellement et étant donné la faiblesse des moyens des communes en gestion foncière, l'importance du clientélisme et la mauvaise qualité de l'enregistrement des transactions au niveau local (villages et communes), des litiges surviennent, en particulier lorsque la même parcelle a été vendue à plusieurs personnes en même temps.

3. La vente de vastes terrains coutumiers (par opposition aux parcelles individuelles) à des investisseurs, des coopératives,[7] des promoteurs ou des spéculateurs en vue d'un morcellement. Ceci se produit dans l'hinterland rural jusqu'à 50 à 70 km du centre de Bamako. L'acheteur du terrain peut alors, en soumettant au Génie rural et à la DRDC un projet de mise en valeur agricole, demander une concession rurale, puis plus tard subdiviser le terrain et vendre les parcelles ainsi obtenues. Une telle opération, qui est interdite, peut être qualifiée de lotissement privé informel. L'acheteur du terrain coutumier peut aussi aller plus loin dans le processus de formalisation de la tenure et, après avoir obtenu une CR, obtenir un titre foncier. Après avoir fait approuver son projet de lotissement par le Directeur régional de l'urbanisme et de l'habitat et obtenu l'autorisation du gouverneur de la région ou du district de Bamako, il peut vendre les lots qui ont alors un titre foncier. Il crée ainsi un lotissement privé autorisé. Dans les communes rurales périurbaines, ces ventes de terres coutumières peuvent être facilement formalisées par des investisseurs influents qui ont des moyens financiers et des relations sociales dans l'administration foncière.

4. Les lotissements préfectoraux. Ce sont, en fait, des opérations de morcellement avec partage du foncier, que l'on trouve dans toutes les communes rurales des zones périurbaines de Bamako, qui sont encouragées par les préfets et sous-préfets. Dans ce cas, la terre coutumière fait l'objet d'un levé topographique, est morcelée, et répartie généralement en trois parts :

- 40% des parcelles reviennent aux propriétaires coutumiers qui reçoivent des bulletins, documents administratifs qui attestent que le morcellement et l'attribution des terres ont été acceptés par le préfet ou sous-préfet. Dans certains cas, une concession rurale à usage d'habitation (CRUH) peut être attribuée au propriétaire coutumier (voir annexe 3.B). Obtenir un titre foncier après la CRUH peut lui coûter l'équivalent des trois quarts de la valeur des parcelles reçues à la suite du lotissement préfectoral. Si, faute d'argent disponible, il doit vendre les trois quarts de ses parcelles, il n'obtiendra finalement un titre foncier que sur le dixième de la surface du terrain qu'il détenait avant le morcellement (village de Sanankoroba, commune de Sanankoroba, entretien du 4 juin 2011).

- 40% du terrain revient généralement au préfet ou sous-préfet qui va le morceler pour obtenir des parcelles constructibles destinées, en principe, à des ménages recasés suite à une opération de réhabilitation ou de régularisation (voir ci-dessous La filière publique et parapublique). Les bénéficiaires des parcelles reçoivent un bulletin sur lequel ne figure aucun nom. Ils peuvent, par la suite, faire porter leur nom sur le bulletin moyennant une longue démarche et le paiement de frais puis obtenir, dans une phase ultérieure, une concession rurale à usage d'habitation - CRUH (ce qui exige à nouveau du temps et de l'argent).[8] Ils peuvent aussi conserver le bulletin, toujours sans nom, et, sans avoir payé de frais d'édilité, vendre la parcelle à une personne qui procédera ou non à l'enregistrement à son nom. Dans certains cas, les coutumiers indemnisés en parcelles peuvent obtenir une CRUH au lieu d'un bulletin.

  Les parcelles qui ne servent pas au recasement sont vendues au prix du marché ; la différence entre le prix du marché et le prix administré[9] (qui devrait ici être appliqué) a souvent été détournée par les préfets ou les sous-préfets. C'est l'une des raisons pour lesquelles l'Etat se montre désormais très réservé quant à l'attribution aux communes de terres et de responsabilités en matière de gestion foncière. Les terres qui reviennent aux préfets entrent dans la filière publique après lotissement et suivent un cheminement très semblable à celui des parcelles attribuées par les communes (voir « Les attributions de parcelles résidentielles », plus loin dans ce chapitre).

- 20% reviennent aux géomètres qui ont procédé au morcellement. Ils sont en effet rémunérés en parcelles qu'ils vendent le plus souvent.

Passer des droits coutumiers à un titre précaire puis à un titre de propriété

Selon la stratégie des acheteurs, leur capacité de financement et la localisation de la parcelle, la terre coutumière peut rester telle quelle (à usage agricole ou non mise en valeur), ou être mise en valeur (grâce à un investissement dans l'agriculture ou l'élevage) ou morcelée en parcelles (à usage agricole ou résidentiel). Ces parcelles peuvent ultérieurement faire l'objet d'une opération de régularisation de la tenure.

Dans tous les cas, pour améliorer la sécurité de sa tenure et, sous certaines conditions, pour accroître la transférabilité de la terre, l'acheteur peut, dans un premier temps, demander un titre précaire (Concession rurale - CR).[10] La délivrance d'une CR est une opération compliquée : elle nécessite l'intervention de plusieurs administrations au niveau de l'Etat et des collectivités locales (voir détails dans l'annexe 3.B). Avec une CR, il est possible d'obtenir, par la suite, un titre de propriété (TF). La procédure est cependant longue et coûteuse.

L'une des raisons en est que, pour obtenir un titre de propriété, il faut mettre en valeur la terre dans un délai de cinq ans, donc investir et payer des frais très élevés. La corruption est une autre explication : certaines personnes qui n'ont fait aucun investissement parviennent à obtenir un TF en trois mois alors que d'autres, qui ont réalisé un investissement comme requis, doivent attendre dix ans et plus. En fait, la plupart des détenteurs de droits coutumiers n'ont pas les moyens de transformer une CR en titre foncier parce qu'ils n'ont ni les ressources ni les relations nécessaires dans l'administration foncière.[11] Dans certains cas, le coutumier qui n'a aucun document attestant ses droits peut échanger son terrain contre une fraction de celui-ci, mais dotée d'un TF. Dans ce cas, celui qui obtient ainsi le terrain coutumier se charge des démarches et des frais pour obtenir un titre foncier "mère" sur l'ensemble du terrain et fait établir un TF individuel sur la petite partie du terrain qui revient au coutumier. A la fin du processus, le coutumier se retrouve avec un TF sur un terrain qui ne représente plus que 10% de la surface du terrain coutumier cédé, tout comme dans le cas du lotissement préfectoral présenté ci-dessus.

Il est très avantageux d'avoir un TF car il permet de vendre la terre à un prix bien plus élevé, souvent trois à quatre fois celui de la terre achetée avec une simple attestation de vente authentifiée (voir annexe 4.A). Selon des informateurs, dans la commune de Dialakorodji, le prix pouvait être multiplié par trois, par quatre dans le village de Kanadjiguila, commune de Mandé, et par cinq[12] dans la commune de Kalabancoro, ce qui permet aux agents de l'administration et aux nouveaux titulaires d'un TF de capter une rente.

La délivrance de CR sur une terre agricole favorise la privatisation de la terre. Dans l'étude qu'il a menée dans la commune rurale de Sanankoroba, Djiré (2004) observe que les paysans maliens sont de plus en plus fréquemment exclus de la propriété au profit principalement des agents de l'Etat et des opérateurs économiques qui habitent en ville. La délivrance de CR est de plus en plus considérée par les autorités comme l'une des causes de l'étalement urbain.[13] C'est l'une des raisons pour lesquelles le Conseil des ministres a décidé, en juin 2011, de suspendre l'attribution de CR. Depuis un décret d'avril 2013, elle est à nouveau autorisée mais avec des dispositions nouvelles qui vont dans le sens du renforcement des pouvoirs de l'Etat.

La figure 3.1 et l'annexe 3.B représentent les différentes opérations qu'il est possible d'entreprendre pour obtenir un titre de propriété sur une terre achetée au départ à un propriétaire coutumier. Dans la plupart des cas, l'acheteur ne va pas jusqu'au bout du processus ; il garde la parcelle en l'état, en améliore éventuellement la tenure ou/et la vend sur le marché informel. Ceux qui détiennent une parcelle à usage d'habitation peuvent éventuellement bénéficier d'une opération de réhabilitation et de régularisation. La figure 3.1 montre aussi que l'Etat peut immatriculer la terre à son nom après purge des droits coutumiers.

Figure 3.1 La filière coutumière d'approvisionnement en terres

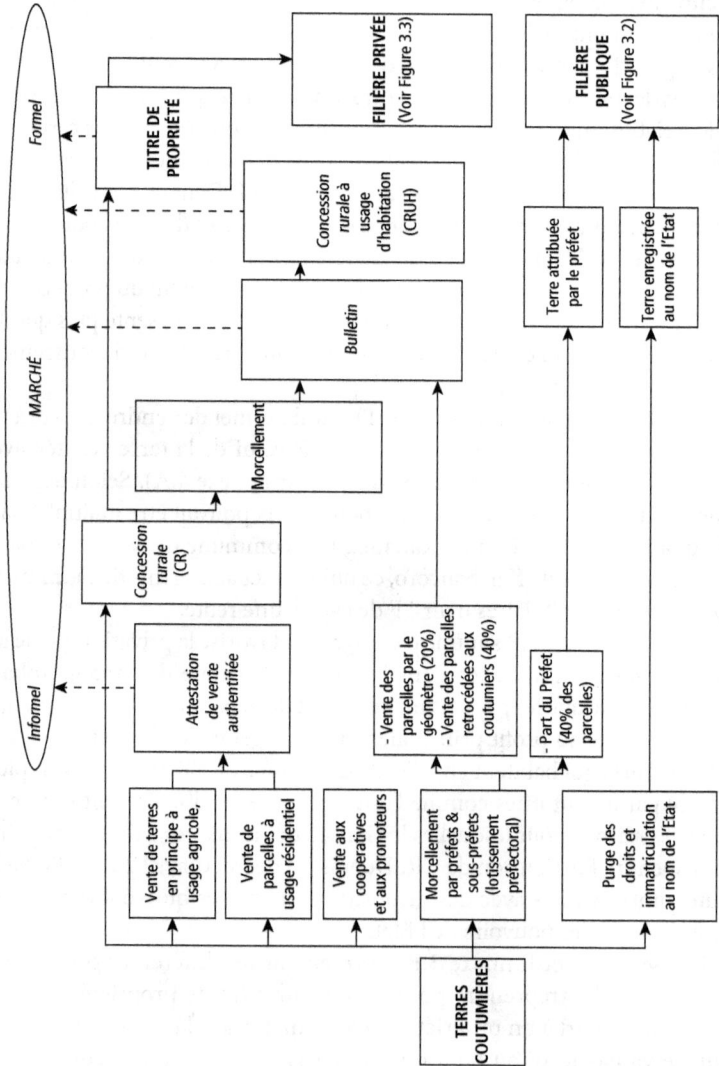

LES FILIÈRES D'APPROVISIONNEMENT EN TERRES   31

La filière publique et parapublique d'approvisionnement en terres

La terre publique peut être transférée par différents moyens : (1) l'attribution administrative de parcelles résidentielles dans des lotissements réalisés par les pouvoirs publics ; (2) la reconnaissance de l'occupation de la terre par les pouvoirs publics avec des opérations de régularisation de la tenure et de lotissement réalisées par les communes ; (3) l'attribution de terres par mise aux enchères éventuellement après lotissement et équipement ; (4) le transfert ou la vente par l'Etat de terres aux promoteurs et aux coopératives et (5) l'attribution de terres pour les logements sociaux.

Les attributions de parcelles résidentielles dans les lotissements autorisés et les opérations de lotissement avec régularisation

Avant 1992, c'était le gouverneur de Bamako (autorité de tutelle des communes) qui accordait l'autorisation d'occuper des parcelles sur des terres appartenant au domaine privé de l'Etat. Les ménages obtenaient une lettre d'attribution pouvant être transformée en titre précaire après construction d'une habitation et paiement des frais d'édilité. La demande de parcelles à Bamako étant beaucoup plus forte que l'offre, les "occupations spontanées" par ceux qui n'arrivaient pas à se loger se sont développées jusqu'à concerner plus de 45% des ménages au début des années 1990 (Bertrand, 2002) si bien que la question de la régularisation s'est imposée avec force. Au même moment, la transition démocratique, qui s'est accompagnée de la volonté de décentraliser les pouvoirs, a introduit des changements dans le mode de désignation des responsables des communes — l'élection remplaçant désormais la nomination par le pouvoir central — et dans les modalités de la régularisation des occupations dans le district de Bamako. Peu de temps après, avec le soutien de la Banque mondiale, était créée l'Agence de cession immobilière (ACI) à laquelle l'Etat attribuait de très grandes superficies de terrains dans le district de Bamako tandis qu'était lancé un programme de réhabilitation de 24 quartiers informels, intitulé « Sauvons notre quartier » (SNQ). L'Etat restait propriétaire des terres mais les opérations de réhabilitation dans ces quartiers devaient être conduites par les maires des communes de Bamako. Dans le cadre d'un projet d'aménagement et de viabilisation du quartier, des commissions municipales devaient examiner la situation des occupants des parcelles du quartier et les communes décidaient alors soit d'une régularisation sur place avec l'octroi d'une lettre d'attribution, après paiement des frais d'édilité et de viabilisation, soit d'un recasement ailleurs dans la commune sur des terrains prévus à cet effet, les recasés étant souvent qualifiés de « déguerpis ». Ceux qui ne pouvaient payer les frais, très élevés par rapport au revenu moyen des Bamakois, ont vendu leur parcelle (ce qui n'était en principe pas autorisé) à d'autres qui étaient disposés à payer les frais à leur place (Bertrand, 1998). Certaines communes ont profité de ces opérations pour vendre, sans en avoir le droit, des parcelles à des individus bien placés qui, n'habitant pas le quartier, ne pouvaient prétendre à la régularisation. Les recasements ont eu beaucoup de mal à se mettre en place puisque les zones qui leur étaient destinées étaient déjà occupées ou avaient été attribuées à l'ACI. Craignant de nouvelles réductions des zones sous leur contrôle, certains élus ont alors multiplié les morcellements de terrains qui ne leur appartenaient pas et ont vendu des parcelles sans en avoir le droit.

L'évaluation du programme « Sauvons notre quartier » a permis de constater que la viabilisation des quartiers était très insuffisante. Selon la mairie du district de Bamako (2010, p. 29) : "La spéculation foncière qui a caractérisé l'opération n'a pas permis que les zones de recasement puissent bénéficier pleinement aux populations déguerpies. Ces dernières exclues du processus de recasement ont reproduit plus loin leur cadre de vie précaire."

Depuis 2002, les communes peuvent aménager elles-mêmes des lotissements et attribuer des parcelles avec un titre précaire (CRUH et CUH), qui peut être transformé en titre de propriété (voir annexe 3.C). Elles doivent, pour ce faire, avoir bénéficié d'une affectation de terres du domaine privé de l'Etat, ce qui n'est possible que si elles ont un plan d'urbanisme approuvé par le Conseil des ministres.[14] En fait, beaucoup de communes procèdent, sans avoir de titre de propriété, souvent à la demande des habitants, à des opérations de réhabilitation et de régularisation dans le cadre de lotissements et se heurtent alors aux prérogatives foncières de l'Etat ou aux revendications des titulaires de droits coutumiers.[15] Un exemple concernant le quartier de Samé dans la commune III de Bamako est rapporté avec beaucoup de précision par Leclerc-Olive et Keita (2004). Djiré (2004) décrit, quant à lui, les difficultés rencontrées par les habitants de la commune de Sanankoroba pour mettre en place un lotissement. Bakayoko (2005) présente les opérations de lotissement dans trois villages de la commune de Mandé et les conflits entre chefs de village, communes et représentants de l'Etat qu'elles ont suscités. Dans ces différents cas, les occupants des terrains à lotir s'étaient cotisés pour financer les travaux préparatoires avec l'espoir de pouvoir déduire leurs contributions des frais d'édilité et de viabilisation à payer pour leur parcelle. La réalisation d'un lotissement est une opération coûteuse qui nécessite l'intervention de géomètres et de diverses entreprises que les communes sont tentées de rémunérer en leur donnant par avance des parcelles. Elle mobilise souvent des ONG locales ayant des relations avec des ONG étrangères susceptibles de financer les travaux préparatoires au lotissement.

Les ménages qui bénéficient d'une régularisation sur place reçoivent un document administratif et, après avoir payé des frais de viabilisation et d'édilité, peuvent obtenir un titre précaire qui ne peut être transformé en titre de propriété quand la commune n'a pas bénéficié d'une affectation de terres de l'Etat.[16] Les parcelles peuvent en principe être reprises si les titulaires du titre précaire ne les ont pas mises en valeur dans les trois ans. Mais l'appréciation de la mise en valeur est très arbitraire car son constat est fait par des agents de la Direction régionale des domaines et du cadastre, sans qu'il y ait de critères objectifs d'appréciation.[17] Lors des enquêtes menées pour cette étude, plusieurs titulaires de titres précaires dans une commune du cercle de Kati ont exprimé leur crainte d'une reprise.

Dans les faits, comme dans les années 1990, beaucoup de ménages n'obtiennent pas de titre précaire délivrée par la mairie, soit parce qu'ils ne peuvent pas payer soit parce qu'ils vendent la parcelle avec la seule lettre de notification. Les ménages qui ne bénéficient pas d'une régularisation sur place doivent être recasés. S'ils n'ont aucun document pour justifier leur occupation, ils courent le risque de ne bénéficier ni de réinstallation ni de recasement ailleurs dans un lotissement. Comme il n'y a plus beaucoup de terres disponibles dans le district de Bamako, les ménages recasés le sont dans les communes rurales périurbaines.[18] Le plus souvent, ce sont des ménages qui n'ont aucune raison d'être recasés qui bénéficient de ces opérations. Cela permet aux maires d'obtenir des revenus très importants. Un inspecteur des Domaines a confirmé que beaucoup de personnes se trouvaient dans des zones de recasement sans avoir bénéficié d'une décision de recasement. Un ancien haut responsable de la politique du logement a, par ailleurs, indiqué que l'attribution des parcelles de recasement, désormais confiée aux maires, se faisait souvent au profit des personnes de leur choix, ainsi incitées à voter pour eux. Il estimait que cela concernait près de 60% des parcelles dites de recasement (voir aussi encadré 4.2)

La fourniture d'un nombre de parcelles supérieur à celui que nécessite le recasement des ménages déplacés est une pratique très courante dans les zones urbaines et périurbaines de Bamako. La raison avancée par les maires et les préfets concernés est qu'ils veulent, avec ces parcelles, permettre aux urbains pauvres de se loger. En fait, selon les observateurs, la principale explication réside dans leur volonté de disposer de ces parcelles pour les attribuer à leur clientèle.

Attribution de terres à l'Agence de cession immobilière pour vente aux enchères et morcellement

L'Agence de cession immobilière a été créée en 1992 avec le soutien de la Banque mondiale, pour mettre un terme au monopole de l'Etat sur la terre en vendant aux enchères des terrains attribués par l'Etat, pour rendre les opérations d'allocation plus transparentes et créer un marché foncier formel qui était supposé améliorer l'accès à la terre.

En combinant enchères publiques et péréquation, l'ACI vend, en principe sur la base du prix de recouvrement (de manière à pouvoir reproduire les projets), des parcelles, éventuellement équipées, à des ménages dont les revenus se situent entre la tranche moyenne-haute et la tranche supérieure. Dans les faits, cependant, l'ACI, qui a reçu une part importante des terrains du domaine privé de l'État à Bamako (Bertrand 2002) au détriment des communes engagées peu de temps après dans les opérations de régularisation, s'en est servi principalement pour satisfaire la demande des catégories à haut revenus[19] et n'a pas réussi à fournir de la terre à la grande majorité de la population urbaine, dont la classe moyenne naissante.

Bertrand (2002, p. 85) analyse ainsi les échecs de l'ACI :

> "Les directions commerciales (de l'ACI) se succèdent (…) en manifestant (leur) sensibilité croissante (…) au clientélisme politique, logique que précisément les bailleurs de fonds stigmatisaient pour miser sur la pureté du marché dans la décennie précédente. Le fonctionnement des enchères est apparu brouillé par des liens d'interconnaissance et divers arrangements entre vendeurs et acheteurs ; des marchés publics d'aménagement ont court-circuité la concurrence au profit de contrats passés de gré à gré ; les accusations de détournement de fonds se précisent en 2000 jusqu'à une mise en cause judiciaire de l'agence. Le démenti apporté au maître-mot de la transparence est flagrant, après que la gestion foncière se soit révélée plus que jamais porteuse d'exclusion sociale pour la masse des citadins paupérisés."

Une fois vendues, les parcelles aménagées par l'ACI entrent dans la filière privée.

De nombreuses parcelles vendues par l'ACI ne sont pas construites et sont, de fait, aux mains de spéculateurs.

> "Les terrains qui étaient achetés aux enchères un ou deux millions de Francs CFA en 2000 sont revendus de nos jours plusieurs centaines de millions" (Ville de Bamako, 2012, p. 44).

La terre publique vendue ou affectée aux sociétés de promotion foncière et aux coopératives

L'Etat peut vendre, à des conditions très avantageuses, des terrains avec un titre de propriété, à des sociétés privées qui lotissent par la suite. De la même manière, l'Etat peut affecter des terrains de son domaine privé à des coopératives de logements (voir ci dessous La filière privée formelle).

La terre publique pour les logements sociaux

L'objectif annoncé de ces programmes de logements sociaux est d'aider les ménages à accéder à la propriété privée. Ils ont été lancés en 2003 par le gouvernement du Mali pour répondre aux besoins des ménages à revenus moyens qui ne pouvaient obtenir de la terre ni dans le cadre des projets menés par l'ACI ni en l'achetant sur le marché privé formel.[20] Ils n'ont fourni jusqu'à présent qu'un nombre relativement faible de logements à prix subventionné,[21] accessibles soit par location-vente soit par emprunt bancaire. La mise en place de ces programmes s'est faite dans la précipitation.[22] Ils sont aujourd'hui réalisés le plus souvent dans le cadre d'un partenariat privé-public, l'Etat apportant la terre à une société de promotion immobilière. Le rapport "Bamako 2030" (Ville de Bamako, 2012, p. 46) met l'accent sur l'absence de services collectifs dans ces projets de logements :

> « Tous ces nouveaux quartiers de logements sociaux sont positionnés aux extrémités de la ville bâtie. En l'absence souvent d'équipements collectifs sur le nouveau quartier, les habitants doivent parcourir de longues distances pour aller à l'école, au marché ou chercher l'eau à la borne fontaine la plus proche. »

Il faut noter que l'attribution de ces logements sociaux est un moyen pour les hommes politiques de satisfaire leur clientèle.

La figure 3.2 représente la filière publique et parapublique. Avec l'annexe 3.C, elle montre notamment les différentes étapes par lesquelles doivent passer, pour obtenir un titre foncier, les ménages bénéficiaires d'une parcelle attribuée par les autorités publiques dans un lotissement. Comme pour la filière coutumière, il ne s'agit pas d'un processus linéaire et irréversible. Il faut, de plus, tenir compte du fait qu'il n'est pas possible, du moins en respectant les procédures légales, de transformer un titre précaire en titre de propriété quand la parcelle se trouve dans un lotissement non autorisé. La figure 3.2 représente aussi les attributions et ventes par l'Etat de terres aux sociétés de promotion immobilière, aux coopératives de logements et à l'ACI et montre le lien entre la filière publique et les filières coutumière et privée.

La filière privée formelle

La plus grande partie des parcelles de la filière privée formelle trouve son origine dans la filière publique et parapublique et dans la filière coutumière décrites ci-dessus. Le reste vient des ventes faites par des particuliers qui ont soit reçu gratuitement de la terre de l'Etat, soit l'ont obtenue par les filières coutumière ou publique avant d'obtenir un TF. Les parcelles sont vendues sur le marché formel.

Les sociétés privées de promotion immobilières enregistrées

Ces sociétés peuvent obtenir des terrains de l'Etat avec un TF (voir figure 3.2), ou les avoir achetés soit avec un TF sur le marché formel, soit sans titre dans la filière coutumière. Dans ce dernier cas, ces sociétés font les démarches nécessaires pour obtenir un TF, lotissent le terrain et vendent les parcelles avec parfois un logement. Elles peuvent aussi acheter des terrains déjà lotis à l'ACI.[23] Soit les parcelles sont vendues avec un TF individuel, soit il faut extraire celui-ci du titre

Figure 3.2 La filière publique et parapublique

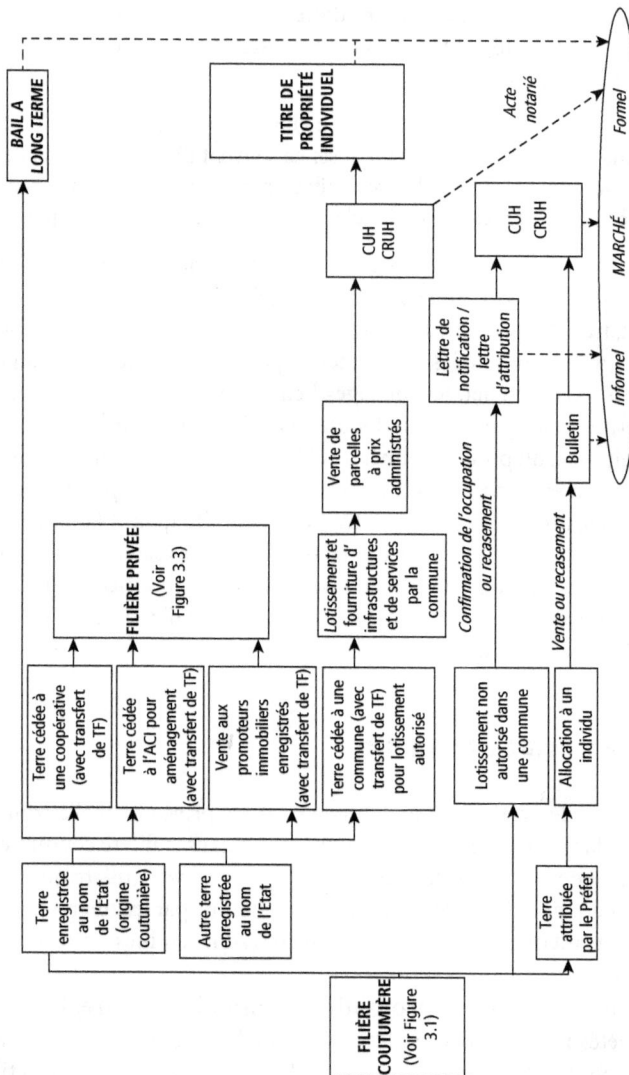

« mère »; le prix est plus élevé dans le premier cas que dans le second, toutes choses égales par ailleurs.

Le Mali compte environ 200 sociétés de promotion foncière enregistrées qui sont généralement de petite dimension. Quelques grandes sociétés, membres de l'Association des promoteurs immobiliers du Mali (APIM), se sont constituées au cours de la période récente et participent à des opérations, en partenariat public-privé, pour les logements sociaux. Pendant plusieurs dizaines d'années, le mode de gestion et d'administration foncières n'a guère favorisé le développement d'un marché foncier et immobilier privé formel mais, depuis 2002, les sociétés de promotion immobilière ont obtenu différents avantages.[24] Leur activité reste cependant entravée par le faible niveau et l'irrégularité des revenus des ménages ; la complexité des procédures et le nombre de normes d'urbanisme, de construction et d'équipement à respecter ; la faiblesse du système de financement du logement (voir encadré 3.1) ; l'insécurité de la tenure, même avec un TF ; la concurrence exercée par l'ACI pour la fourniture de parcelles équipées pour les hauts revenus ; la concurrence de la filière publique et la concurrence du marché informel. Les sociétés privées se plaignent aussi des difficultés pour accéder à la terre, notamment dans le centre de Bamako.

ENCADRÉ 3.1

La faiblesse du système de financement du logement

Les règles bancaires imposent de n'accepter comme garantie que des terrains ayant un titre de propriété, alors que la loi n° 02-008 du 12 février 2002 prévoit que les terrains vendus par acte notarié avec un titre précaire peuvent servir de garantie à condition que le notaire s'engage à transformer le titre précaire en titre de propriété. Dans les faits, obtenir un TF peut s'avérer impossible ; dans ce cas, la banque peut être perdante s'il y a défaut de paiement.

Il y a, de plus, beaucoup de cas de fraude sur les titres présentés comme garantie. De prétendus experts évaluateurs peuvent fournir des titres fictifs et la banque court alors le risque de ne jamais être remboursée. De plus, il est difficile d'évaluer correctement le prix de la terre hypothéquée. Les évaluations faites par les experts fonciers enregistrés auprès de l'Etat ne sont pas toujours fiables.

En l'absence d'un système d'information foncière et étant donné le manque de fiabilité du Livre foncier, il peut être difficile pour une banque de vérifier que la terre appartient bien à celui qui demande le prêt. On peut aussi se trouver face à des demandes de prêts pour des terrains qui ne seront jamais construits.

Enfin, les banques prêtent à des taux d'intérêt élevés (entre 10 et 12 %), à 12-15 ans en moyenne, ce qui freine encore davantage le développement d'un marché formel.

Source : Entretien avec les responsables du Fonds de garantie hypothécaire du Mali (Septembre 2011).

Les sociétés de promotion foncière et immobilière qui ont acheté des terrains coutumiers sans titre et qui ont obtenu ultérieurement un titre foncier peuvent se trouver en conflit avec les occupants de ces terrains (voir chapitre 4).

Les coopératives de logements

Une coopérative peut obtenir de la terre de l'Etat (figure 3.2) et la morceler au profit de ses membres;[25] elle peut aussi acheter de la terre coutumière sans titre et obtenir ensuite un titre de propriété (TF). Les coopératives ont été à l'origine créées par des syndicats (par exemple l'Union des Travailleurs du Mali) ou des associations professionnelles. Les salariés de nombreux organismes publics, peuvent ainsi accéder à la terre par l'intermédiaire des coopératives qu'ils mettent en place.[26] Les coopératives ont aussi beaucoup de succès auprès des Maliens de l'étranger qui peuvent se regrouper pour acheter de la terre (c'est le cas, par exemple, des Maliens de la banlieue parisienne ; voir Keita, 2012).

Des opérations de ce type sont aussi lancées par des sociétés privées pour loger leurs salariés. Certaines d'entre elles ont obtenu des terrains lotis par l'ACI (Bertrand 1995). D'autres les achètent à des particuliers et se plaignent des coûts qu'il leur faut supporter.

Il faut noter que la distinction entre promoteurs privés et coopératives n'est pas toujours très claire car les premiers opèrent parfois sous le nom de « coopératives de logements ».

Don de terres avec titre de propriété (TF) par l'Etat

Certaines personnes mettent en vente des terrains ou des parcelles avec TF que leur a donnés l'Etat (ce serait notamment le cas de militaires avant 1991). Certains procèdent à une division parcellaire[27] et vendent ensuite les parcelles.

Le marché secondaire formel

Des propriétaires qui ont acheté des terrains, sans titre ou avec un titre précaire transformé par la suite en TF, ou directement avec un TF, peuvent les vendre sur le marché formel. Vendre une terre avec un TF est légal mais coûteux car l'opération est assortie de conditions : il faut faire établir un acte notarié et payer des frais de mutation.

Ces différents procédés sont représentés dans la figure 3.3.

Figure 3.3 La filière privée d'approvisionnement en terres

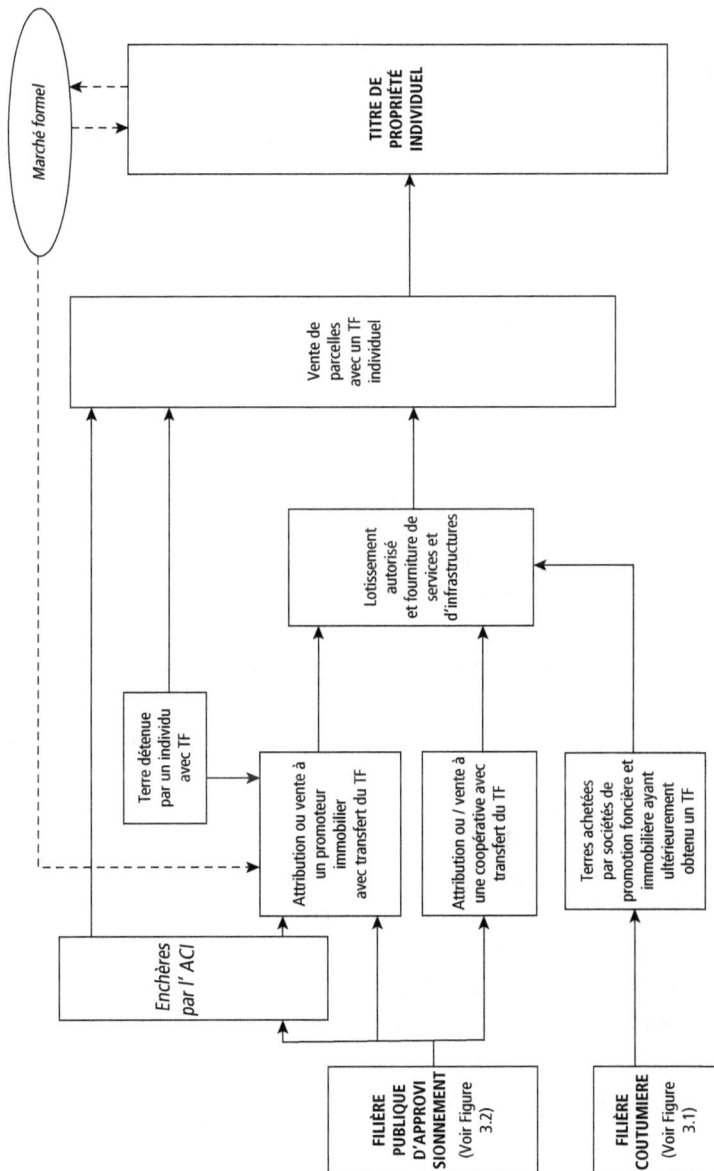

Marché formel

TITRE DE PROPRIÉTÉ INDIVIDUEL

Vente de parcelles avec un TF individuel

Lotissement autorisé et fourniture de services et d'infrastructures

Terre détenue par un individu avec TF

Enchères par l' ACI

Attribution ou vente à un promoteur immobilier avec transfert du TF

Attribution ou / vente à une coopérative avec transfert du TF

Terres achetées par sociétés de promotion foncière et immobilière ayant ultérieurement obtenu un TF

FILIÈRE PUBLIQUE D'APPROVI SIONNEMENT (Voir Figure 3.2)

FILIÈRE COUTUMIERE (Voir Figure 3.1)

Annexe 3A Lois, décrets et autres textes sur le foncier et la tenure

- Décret n° 91-321/PM-RM du 3 octobre 1991, portant modalités d'application des dispositions du Code domanial et foncier relatives aux concessions rurales.
- Décret n° 91-322/PM-RM du 3 octobre 1991, portant réglementation des modalités et conditions des cessions des terrains domaniaux par adjudication publique.
- Décret n° 91-323/PM-RM du 3 octobre 1991, portant réglementation de la cession amiable des terrains domaniaux.
- Décret n° 91-324/PM-RM du 3 octobre 1991, portant organisation et modalités de fonctionnement de la commission chargée des évaluations foncières.
- Décret n° 92-113/PM-RM du 9 avril 1992, portant fixation des prix de cession et des redevances des terrains urbains et ruraux du domaine privé de l'État, à usage commercial, industriel et d'habitation.
- Décret n° 92-114/PM-RM du 9 avril 1992, portant fixation des barèmes généraux de base des prix de cession et des redevances des terrains ruraux appartenant à l'État et détermination des procédures d'estimation des barèmes spécifiques.
- Loi n° 95-034, du 12 avril 1995, portant Code des collectivités territoriales en République du Mali.
- Loi N° 96-025 du 21/02/1996 portant statut particulier du District de Bamako.
- Loi N°96-050 du 16 octobre 1996 portant principes de constitution et gestion du domaine des Collectivités Territoriales.
- Loi N° 99-026 du 07 juillet 1999 portant ratification de l'ordonnance n°99-003/P-RM du 31 mars 1999 portant création de la Direction Nationale des Collectivités Territoriales.
- Ordonnance n° 00-27 du 22 mars 2000 portant Code domanial et foncier.
- Décret n°01-040/P-RM du 21 février 2001 déterminant les formes et conditions d'attribution des terrains du domaine privé immobilier de l'Etat.
- Décret n°01-041/P-RM du 21 février 2001 fixant les modalités d'attribution du permis d'occuper.

- Loi n° 02-008 du 12 février 2002 portant modification et ratification de l'ordonnance n° 00-027/P-RM du 22 mars 2000 portant Code domanial et foncier.
- Décret n° 02-113/P-RM du 6 mars 2002 fixant les modalités d'organisation et de confection du Cadastre.
- Loi n° 01-077 du 18 juillet 2001 fixant les règles générales de la construction.
- Décret n° 02-114 P-RM du 06 mars 2002 portant fixation des prix de cession et des redevances des terrains urbains et ruraux du domaine privé de l'État, à l'usage commercial, industriel, artisanal, de bureau, d'habitation ou autres.
- Décret n° 02-115 P-RM du 06 mars 2002 portant fixation des barèmes généraux de base des prix de cession, des redevances des terrains ruraux appartenant à l'État et détermination de la procédure d'estimation des barèmes spécifiques.
- Décret n° 02-111 et 112/P-RM du 22 mars 2002 déterminant les formes et les conditions de gestion des terrains des domaines publics immobiliers de l'Etat et des collectivités territoriales.
- Loi n° 02-016 du 3 juillet 2002 fixant les règles générales d'urbanisme.
- Décret n° 05-113/P-RM du 9 mars 2005 fixant les règles spécifiques applicables aux différentes catégories de servitudes en matière d'urbanisme.
- Décret n° 05-114/P-RM du 9 mars 2005 déterminant les modalités de réalisation, de gestion et de normalisation des infrastructures urbaines.
- Décret n° 05-115/P-RM du 9 mars 2005 fixant les modalités de réalisation des différents types d'opérations d'urbanisme.
- Décret n° 10-176/PM-RM du 25 mars 2010 fixant le cadre institutionnel de pilotage du quatrième Projet urbain du Mali.
- Lettre circulaire interministérielle n° 2011-001/MATCI-MLAFU-SG du 31 octobre 2011 relative à la suspension des attributions du domaine privé immobilier de l'Etat (suite au conseil des Ministres du 15 juin 2011).
- Loi du 15 Décembre 2011 (dite Loi Hamidou Diabaté) portant modification de l'ordonnance n°00-027 du 22 mars 2000 portant Code domanial et foncier modifiée et ratifiée par la loi n°02-008 du 12 Février 2002.
- Décret N°2013-341/PRM du 18 avril 2013 portant modification du décret N°01-040/P-RM du 02 février 2001 déterminant les formes et conditions d'attribution des terrains du domaine privé immobilier de l'Etat.

Annexe 3B Détail des procédures à suivre et de leur coût pour passer des terres coutumières à un titre de propriété (TF)

Type d'opération	Procédures (a)	Acteurs intervenant (a)	Coûts de l'opération (hors paiements non déclarés)
Vente d'un terrain coutumier à un particulier qui garde le terrain et peut obtenir un titre précaire (CR) puis un Titre Foncier (TF)	Etape 1. Authentification de la vente : Délivrance par la mairie d'une attestation de vente authentifiée.	– Acheteur et vendeur ; – Coxer, géomètre et autorités villageoises – Mairie	– Prix d'achat du terrain ; – Paiement du coxer et du géomètre ; – Frais d'authentification par la mairie
	Etape 2. Demande de CR: – Plan de bornage par géomètre agréé (b) ; – Vérification par la DRDC (c) qu'il n'y pas de TF existant ; – Demande auprès des représentants de l'Etat selon la dimension du terrain – Enquête publique annoncée dans journal puis procès verbal de palabres et certificat administratif signé par représentant de l'Etat – Attribution de la CR avec cahier des charges portant sur les aménagements nécessaires	– Géomètres – DRDC – Différents niveaux des représentants de l'Etat : – Sous-préfet si <2,5 ha (3) – Préfet : 2,5-5 – Gouverneur : 5-10 ha – Ministre des Domaines: 10-100 ha – Ministre des Ministres: >100 ha – Conseil des Ministres: >100 ha – Communautés villageoises – Toutes personnes intéressées dans le voisinage	– Paiement du géomètre agréé (qui peut faire faire le travail par un géomètre non agréé) – Frais d'édilité et redevance annuelle
	Etape 3. Demande de TF : – Mise en valeur dans les 5 ans sous réserve de reprise – Immatriculation au nom de l'Etat – Attribution par la DRDC (c) dont les données reportées sur le Livre foncier	DRDC	Frais d'enregistrement = 15% du prix du terrain

(continue page suivante)

Type d'opération	Procédures (a)	Acteurs intervenant (a)	Coûts de l'opération (hors paiements non déclarés)
Vente d'une terre coutumière à un particulier qui va procéder au morcellement et vendre des parcelles issues de ce morcellement. Les bénéficiaires de parcelles peuvent obtenir un titre précaire (concession rurale à usage d'habitation, CRUH), et demander un TF à condition que la parcelle se trouve dans un lotissement autorisé (TF affecté à la commune)	*Etape 1. comme Etape 1 ci-dessus*	*Comme Etape 1 ci-dessus*	Comme Etape 1 ci-dessus
	Etape 2. comme Etape 2 ci-dessus	*Comme Etape 2 ci-dessus*	Comme Etape 2 ci-dessus
	Etape 3. Demande au préfet d'une autorisation de morcellement effectué au préalable par un géomètre. – Pour chaque parcelle, la préfecture prépare une autorisation de paiement/bulletin – Vente des parcelles avec bulletin avec souvent intervention d'un *coxer*	– Géomètre ; – Préfet	– Coût du géomètre – Frais pour le bulletin: de 80 000 à 300 000 FCFA ; – Coût du *coxer*
	Etape 4. Transformation du bulletin en CRUH : – Bulletin mis au nom de l'acheteur et demande de CRUH à la commune – Condition : ne pas avoir une autre parcelle résidentielle dans la commune et avoir un quitus fiscal – Signature du maire qui délivre une lettre de notification et demande le paiement des frais d'édilité – Enregistrement du titre dans le registre des CRUH	– Préfet ou sous-préfet – Mairie après avis du Conseil de village réuni à cet effet, entériné par délibération du Conseil communal	– Frais de viabilité variant selon les communes dont 10% est reversé à l'Etat
	Etape 5. Transformation du CRUH en TF : – Attestation de mise en valeur délivrée par la DRDC (b) – Dépôt de la copie de la CRUH qui sera annulée – Copie du TF remis à l'intéressé. Report du TF sur le Livre Foncier	– Constat de mise en valeur par la mairie – Bureau ordinaire de la DRDC	– Droit d'enregistrement = 15% du prix de la parcelle

Notes :

(a) Changements depuis 2011 et autres changements depuis avril 2013 (voir Annexe 3.1)

(b) Selon des informations fiables venant du Génie Rural, 90% des morcellements sont faits sans l'accord des parties concernées. Ceci suscite de nombreux conflits.

(c) La Direction nationale des domaines et du cadastre (DNDC) a une représentation dans chaque région (DRDC), pour notre étude région de Koulikoro. Des Antennes des domaines ont été implantées dans les cercles et les communes. Dans ces Antennes, le bureau spécialisé s'occupe des titres précaires, le bureau ordinaire des TF.

Annexe 3C Détails des procédures nécessaires et des coûts pour aller d'une attribution par l'Etat ou une commune à un titre de propriété (TF)

Type d'opération	Procédures	Acteurs intervenant	Coûts occasionnés
Terrains du domaine privé de l'Etat affectés à une commune, qui les attribue à des particuliers dans le cadre d'un lotissement autorisé	Etape 1. Affectation du domaine privé de l'Etat à la commune qui a un schéma d'urbanisme et veut réaliser un lotissement : – Décision prise par le conseil des Ministres après demande de la commune ; – Le TF est transféré à la commune avec vérification préalable qu'il n'y a pas de TF autre que celui de l'Etat sur le terrain demandé.	– Conseil des Ministres sur présentation du ministre chargé des Domaines ; – La commune consulte les habitants et agit souvent à leur demande	
	Etape 2. Demande de Concession urbaine d'habitation (CUH) ou de Concession rurale à usage d'habitation (CRUH) faite par l'occupant de la parcelle à la commune : – Condition: non possession d'un autre lot à usage d'habitation dans la même commune et possession d'un quitus fiscal – Avis du Conseil de village, de fraction, de quartier ou du Conseil municipal – Si terrain nu >1000 m², approbation nécessaire des représentants de l'Etat : – Décision soumise à signature du maire qui établit une notification d'attribution et demande l'acquittement des droits	– Conseil de village, de fraction, de quartier. Maire – Différents échelons de gouvernement : – Préfet si terrain = 1000-5000 m² ; – Gouverneur : 5000 m²-1ha – Ministre des Collectivités territoriales : 1-5 ha – Conseil des Ministres : >5 ha – Bureau spécialisé de l'Antenne de la DRDC dans la commune	– Frais d'édilité et de viabilisation qui dépendent des communes dont 10% reversé au budget de l'Etat
	Inscription du titre sur le registre des CUH ou CRUH. Cahier des charges approuvé par Conseil municipal, notamment mise en valeur		
	Etape 3. Demande de TF : – Condition : mise en valeur dont conditions déterminées par chaque commune sous menace de reprise – Radiation de la clause de mise en valeur. – Demande de TF au bureau de la conservation foncière du lieu de situation de l'immeuble – Dépôt de l'original de la copie de la CUH ou de la CRUH qui sera annulée – Report du TF dans le Livre foncier	– Constat de mise en valeur par la mairie – Bureau ordinaire de l'Antenne DRDC	– Droits d'enregistrement (15% du prix de la parcelle)

Notes

1. Source : Antenne du cercle de Kati de la Direction des Domaines et du Cadastre.
2. Les fonctions de chef de village et de chef de terre ne sont pas forcément exercées par la même personne.
3. Les *coxers* sont des intermédiaires présents sur les marchés informels auxquels font appel beaucoup d'acheteurs et de vendeurs de terres. Ils ont des informateurs dans les villages périurbains qui leur indiquent quels sont les terrains à vendre et ils négocient avec les autorités villageoises. Ils jouent ainsi un rôle essentiel dans la conversion de la terre de rurale à urbaine. Ils connaissent les astuces pour contourner les procédures légales et savent comment traiter avec l' administration pour faciliter les ventes. On les voit souvent dans des endroits publics, notamment sur le bas-côté des routes, non loin des parcelles à vendre.
4. Avant 1991, selon nos informateurs, l'Etat avait l'habitude d' attribuer des terres coutumières, qu'il avait immatriculées à son nom, à ses clients (membres de l'armée et de la police, fonctionnaires civils). Certaines de ces terres ont depuis lors été vendues à des particuliers ou à des sociétés.
5. Le terme de lotissement est utilisé indistinctement pour une grande variété d'opérations. Le décret n°05-115 du 9 mars 2005 fixe les modalités de réalisation des différents types d' opérations d'urbanisme : "le lotissement est la subdivision d'un terrain vierge d'un seul tenant en parcelles avec des aménagements appropriés d'infrastructures et équipements collectifs pour accueillir les constructions à réaliser par les occupants futurs". Le décret précise qu'un lotissement ne peut être créé que sur un terrain doté d'un titre foncier; il doit avoir été autorisé par le directeur régional de l'Urbanisme et de l'Habitat et approuvé par le gouverneur de la région ou du district de Bamako. Par infrastructures et équipements collectifs, le décret entend « les travaux de voirie, d' assainissement, d' adduction d'eau, d' électricité et de téléphone ». Le travail de terrain mené pour cette recherche a montré que les habitants comme les autorités utilisent ce terme de lotissement pour qualifier des opérations très différentes les unes des autres ; seules certaines sont légales et autorisées. Les différentes catégories de lotissement sont présentées dans ce chapitre.
6. Dans la commune de Moribabougou, cercle de Kati, dans les années 1980, il fallait débourser une somme dix fois plus élevée pour une parcelle attribuée par le préfet que pour une parcelle attribuée par le chef de village (Béridogo 2003).
7. Ce serait le cas pour la coopérative des gendarmes dans le village de Missalobougou, commune de Kalabancoro, cercle de Kati, selon les informateurs.
8. Selon les règles, seules les communes peuvent accorder des CRUH. De fait, les préfets le font aussi.
9. Les prix administrés apparaissent dans un document établi par l'administration, qui est rarement mis à jour.
10. Une CR garantit une certaine sécurité. De plus, une terre avec CR peut être vendue (sous certaines conditions).
11. Il existe cependant des cas particuliers comme dans le village de Soro étudié par Becker (2013) : des membres, non résidents, de l'une des familles du village a pu obtenir un

terrain, en contrepartie de dons en argent faits au village, puis faire établir un titre de propriété. Peut-on encore parler de détenteurs de droits coutumiers dans ce cas?

12. Sources: entretiens avec des informateurs-clé entre juin 2011 et janvier 2012 et Durand-Lasserve (2009).

13. Ainsi, le rapport Bamako 2030 (Ville de Bamako 2012) indique-t-il à propos des terres agricoles vendues avec une CR à des "privés" qui les morcellent pour en faire des terrains : "Ce processus est un véritable danger car il favorise l'étalement de la ville au détriment des ressources naturelles rurales." (p. 44)

14. Le premier Schéma directeur d'aménagement et d'urbanisme pour Bamako a été adopté en 1981. Sa 3ème révision date de 2004 mais elle n'a pas été approuvée. Des communes périurbaines ont, elles aussi, élaboré des schémas directeurs d'urbanisme dont certains on été approuvés en conseil des Ministres (SDU commun à Moribabougou et N'Gabakoro Droit en 2008 ; SDU commun à Dialakorodji, Safo et Sangarabougou en 2010 ; SDU de Mountougoula et de Sanankoroba en 2010).

15. Selon la Direction régionale de l'urbanisme et de l'habitat du district de Bamako, il est difficile de savoir quel est le nombre de lotissements non autorisés. Elle estime que cela concerne de 70 à 80% des lotissements dans la commune I de Bamako, par exemple.

16. En 2012, la DNDC a demandé à tous les chefs d'antenne de ne plus délivrer de CUH s'il n'y avait pas de plan d'urbanisme approuvé. Cela a eu comme conséquence une forte diminution du nombre de CUH délivrées. La délivrance de lettres notification s'est poursuivie (Source : Direction régionale de l'urbanisme et de l'habitat du district de Kati).

17. Dans l'article 11 du décret n° 02-114 P-RM du 6 mars 2002 sur les formes et conditions d'attribution des terrains du domaine privé immobilier des collectivités territoriales (voir annexe 3.1), il est indiqué : "Chaque collectivité détermine les conditions et le niveau de mise en valeur des parcelles qu'elle attribue à travers un cahier des charges approuvé par le Conseil communal." Selon un inspecteur des Domaines, cela dépendrait de la zone : s'il s'agit d'une zone où une construction en dur est nécessaire, il faut avoir dépensé plus de 1 million FCFA mais, dans certaines zones, aucune construction en dur n'est exigée.

18. Ainsi, par exemple, des zones de recasement pour les communes I et II sont prévues à N'Gabacoro et, pour la commune V, à Kalabancoro.

19. L'achat de plusieurs parcelles par la même personne, bien qu'interdite, est fréquente (Bertrand 1998).

20. Cette politique a son origine dans l'attribution de terres au personnel militaire en 1992 par Amadou Toumani Touré qui était alors général, d'où l'appellation "ATT Bougou" (signification : « quartier ATT »). Les promoteurs privés peuvent participer à ces programmes et obtenir de la terre de l'Etat à des prix avantageux, voire gratuitement, construire et vendre les logements à crédit.

21. Selon le ministère du Logement, des Affaires Foncières et de l'Urbanisme, 2 930 logements sociaux ont été mis sur le marché entre 2003 et 2007. Au cours de cette période, la demande enregistrée au niveau national dépassait les 30 000. L'Etat assurait 50% du financement, 35% venant de l'Office malien du logement et 15% de l'ACI. Une tranche supplémentaire de 10 000 logements (dont 5 400 financés par

l'Etat) était prévue entre 2008 et 2012. Cet objectif a été revu à la hausse en 2010 avec la construction de 20 000 logements supplémentaires sur les quatre années suivantes.

22. Il a été demandé en 2002 au Point focal du développement urbain au ministère du Logement, des Affaires Foncières et de l'Urbanisme de concevoir un programme de logements sociaux. Après une semaine de travail, sa proposition (inspirée par les 300 logements de Garantiebougou) était validée par le président de la République et mise en place avec le financement de l'Etat. Par la suite, aucune autre étude approfondie n'a été menée. (ISTED, 2009).

23. En mars 2014, l'ACI et l'Association des promoteurs immobiliers du Mali (APIM) ont procédé au lancement commercial de 1050 logements à Dialakorobougou, cercle de Kati, avec comme objectif de créer une ville nouvelle. ("Lancement commercial des 1050 logements de Dialakorobougou : l'ACI en partenariat avec APIM s'engage pour la création d'une nouvelle ville moderne," L'Indépendant, 25 mars 2014)

24. Le décret n° 00-274/P-RM du 23 juin 2000 permet, par exemple, à l'Etat de vendre de la terre de son domaine privé à des prix préférentiels ou d'attribuer de la terre gratuitement (une clause prévoyant que la propriété de l'Etat soit maintenue) aux promoteurs enregistrés qui acceptent de fournir un certain nombre de "parcelles sociales accessibles" ou/et "très accessibles" et des logements à "faibles coûts".

25. Elle peut aussi acheter de la terre et, dans ce cas, s'adresser directement à un propriétaire coutumier puis morceler. L'opération se situe alors dans la filière coutumière (voir figure 3.1).

26. Ces coopératives ont suscité, au début des années 2000, un grand espoir comme moyen pour les classes moyennes d'accéder à la propriété du logement.

27. Il s'agit du morcellement d'une parcelle d'un seul tenant, obtenue par héritage ou donation officielle, en un maximum de cinq parcelles qui, en principe, ne peuvent pas être vendues (décret du 9 mars 2005). Lors de l'enquête menée pour cette étude, il est apparu que cette dernière règle n'était pas respectée dans certaines communes périurbaines de Bamako.

Documents de référence

Bakayoko, I. 2005. « L'Afrique à l'épreuve de la décentralisation : Les enjeux de la transformation foncière, le cas du Mali », communication présentée à l'Assemblée générale du CODESRIA (Council for the development of social science research in Africa). 6-10 Décembre. Maputo.

Becker, L. 2013. "Land sales and the transformation of social relations and landscape in peri-urban Mali", *Geoforum*, 46, p. 113-123.

Béridogo, B. 2003. « Les interactions rurales et urbaines dans le site périurbain de Moribabugu (Mali) ». *Recherches africaines, Annales de la Faculté des lettres, langues, art et sciences humaines de Bamako, n°2.*

Bertrand, M. 1995. « Bamako, d'une République à l'autre », *Annales de la recherche urbaine*, 66, pp. 40-51.

Bertrand, M. 1998. « Marchés fonciers en transition. Le cas de Bamako, Mali », *Annales de Géographie* 602, 381-409.

Bertrand, M. 2002. « Gestion foncière et logique de projet urbain : expériences comparées en Afrique occidentale, francophone et anglophone », *Historiens et géographes* 379 : pp. 77-90.

Bouju, J., A. Ausseil, M.F. Ba, M. Ballo, H. Bocoum et C. Touquent. 2009. « Dynamique des transactions foncières au Mali : Mountougoula, Baguinéda, centre ville de Bamako, Bandagiara et Ningari », Rapport IRAM (Institut de recherche et d'étude sur le monde arabe) / CEAMA (Centre d'étude et de recherche sur le monde arabe et méditerranéen). Paris/Aix en Provence.

Bourdarias, F. 1999. « La ville mange la terre. Désordres fonciers aux confins de Bamako », *Journal des anthropologues*, 77-78, pp. 141-160.

Djiré M. 2004. "Mythes et réalités de la gouvernance locale. L'expérience de la commune rurale de Sanankoroba, Mali", IIED Dossier 130.

Djiré, M. et Traoré, K. 2008. "Assurer la sécurisation légale des transactions foncières : quel rôle pour les intermédiaires et facilitateurs ? Études de cas en zones péri-urbaines et dans le Mali-Sud" Support to the Legal Empowerment of the Poor, Legal Empowerment in Practice – LEP Working Paper. FAO.

Djiré, M. 2013. "La ruée sur les terres péri-urbaines -un sujet supplémentaire d'inquiétude pour la gouvernance foncière au Mali", communication préparée pour la Conférence annuelle de la Banque mondiale sur le foncier et la pauvreté, Washington, Etats-Unis.

Durand-Lasserve, A. 2009. Harmonisation des systèmes fonciers au Mali par une intégration du droit coutumier au droit formel. Programme d'appui aux collectivités territoriales (Division Gestion du foncier communal). GTZ Mali.

ISTED (Institut des Sciences et des Techniques de l'Equipement et de l'environnement pour le Développement). 2009. "Étude sur les pratiques de gouvernance urbaine. Étude de cas – Mali", Rapport technique.

Keita, B. 2012. Migrations internationales, investissements immobiliers et recomposition territoriale en Afrique de l'Ouest : le cas de Bamako, Thèse de doctorat, Université Paris VII Denis Diderot.

Leclerc-Olive, M. et Keita, A. 2004. « Les villes : laboratoires des démocraties ? », rapport de recherche, PRUD (Programme de Recherche Urbaine pour le Développement) / ISTED (Institut des Sciences et des techniques de l'Equipement et de l'environnement pour le Développement) / GEMDEV (Groupement d'intérêt scientifique pour l'étude de la Mondialisation et du Développement). Paris.

Mairie du District de Bamako. 2010. *Premier Forum sur le développement urbain de Bamako*. Bamako, Mali.

Toulmin, C., and Quan, J. (Eds). 2000. *Evolving land rights, Policy and Tenure in Africa*. International Institute for Environment and Development and National Ressources.

Ville de Bamako. 2012. *Bamako 2030 : croissance et développement - Imaginer des stratégies urbaines pour un avenir maîtrisé et partagé*, rapport définitif. Bamako.

Chapitre **4**

Le système d'approvisionnement en terres

Une représentation du système d'approvisionnement en terres

Les figures 3.1, 3.2 et 3.3 montrent que les trois filières forment un système. La filière coutumière et la filière publique sont liées entre elles, l'Etat ayant la possibilité de purger les droits coutumiers, d'immatriculer la terre à son nom et de l'attribuer aux communes pour faire des lotissements.[1] Les communes peuvent régulariser des occupations de terres coutumières situées sur leur territoire. Les filières publique et coutumière fournissent les terrains à la filière formelle privée. Dans ces trois filières, les terrains sont vendus sur le marché foncier.

La Figure 4.1 représente le système d'approvisionnement en terres dans son ensemble.

Les trois caractéristiques principales du système d'approvisionnement en terres représenté sur la figure 4.1 sont la diversité des tenures et des transferts de terres (attributions et ventes) qui peuvent être ou non légaux ; les liens entre les filières et les différents degrés de formalité du marché foncier et la diversité des intervenants dans ce système.

La légalité des attributions, des délivrances de titres et des ventes

Les irrégularités dans la gestion foncière

Les attributions de terre dans la filière publique et parapublique ne se font pas toujours dans la légalité. L'administration foncière peut délivrer des concessions rurales (CR) sans qu'il y ait un projet agricole et peut aussi délivrer des titres fonciers sans respecter les règles.

La règle voudrait que les représentants de l'Etat délivrent des CR sur les terres agricoles, les titres précaires, concessions rurales ou urbaines à usage d'habitation étant de la compétence des communes. La pratique peut

50

Figure 4.1 Le système d' approvisionnement en terres

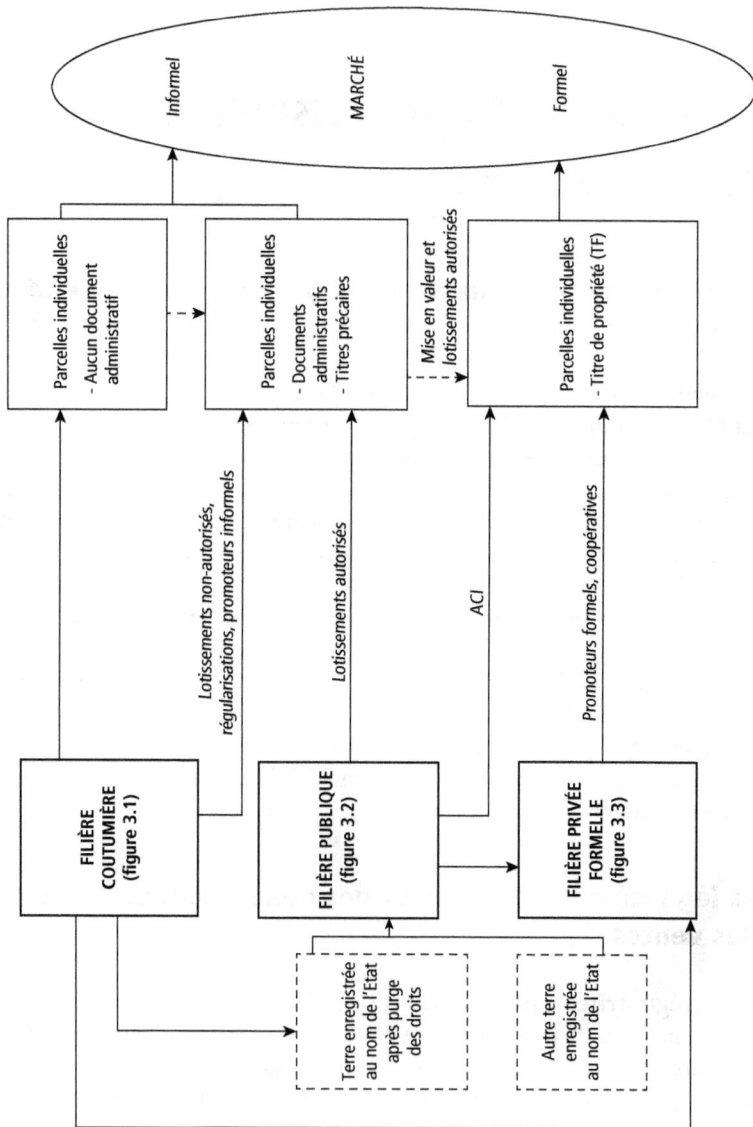

être différente. Le Vérificateur général note dans son Rapport annuel pour 2011 (République du Mali, 2012) : "Le cercle de Kati, malgré l'absence de base juridique, continue à attribuer des concessions à usage d'habitation." (p. 61). Les communes délivrent des lettres d'attribution qui permettent à leurs bénéficiaires d'obtenir, toujours après paiement des frais de viabilisation et d'édilité, une concession urbaine d'habitation sur un lotissement qui peut ne pas être autorisé. Il arrive aussi que les communes vendent des parcelles sur des servitudes et des espaces publics (espaces verts, places publiques et équipements marchands), dans les « poches foncières » du district de Bamako, ce qui donne lieu à des conflits importants, des démolitions et des procès (Bertrand, 2012). Une opération a été annoncée en mai 2014, pour libérer les servitudes du district de Bamako.

Alors que les communes et les antennes de la DRDC ne doivent pas attribuer plus d'une parcelle à usage d'habitation à un particulier de manière à favoriser l'accès du plus grand nombre aux parcelles[2], leur cumul est fréquent. Le rapport annuel 2011 du Vérificateur général (République du Mali, 2012) indique ainsi, à propos du district de Bamako : "L'Antenne de la Commune IV a, par exemple, enregistré des attributions multiples de terrains. En effet, plusieurs personnes ont bénéficié à titre individuel de cinq à quatorze lots à usage d'habitation de 2008 à 2010" (p. 54). Certains représentants de l'Etat accordent des concessions rurales (CR) sur des terrains qui ont plutôt la dimension de terrains destinés à l'habitat. Ainsi, toujours selon le rapport 2011 du Vérificateur général (République du Mali 2011), le sous-préfet de Kalabancoro a accordé des CR sur des parcelles de très petite dimension (300 m2), en morcelant soit des terrains dotés d'une CR attribuée antérieurement par le préfet, soit des terrains coutumiers. Par ailleurs, le préfet du cercle de Kati a accordé plusieurs CR à la même personne, ce qui lui est interdit.[3]

Faux titres fonciers, attributions multiples de lettres d'attribution sur la même parcelle

En principe, un titre de propriété garantit à son détenteur une sécurité totale mais, dans la pratique, de faux titres peuvent être émis. Les banques, en particulier, font part de leurs réticences à prêter sur la base de ces garanties (voir encadré 3.1) Les soupçons portant sur la qualité des titres de propriété (TF) donnent lieu à des conflits. La situation peut être complexe lorsque le même terrain est revendiqué à la fois par des coopératives de logements qui disent l'avoir obtenu de l'Etat et par des sociétés immobilières, comme c'est le cas à Gouana, dans le cercle de Kati.[4]

Beaucoup d'habitants de Bamako et du cercle de Kati ont une lettre d'attribution pour une parcelle déjà attribuée. Ceci se produit notamment lorsque le titulaire d'une LA ignore (ou fait semblant d'ignorer) les dispositions de la loi qui stipulent que la parcelle doit être mise en valeur dans un délai de trois ans. Une personne, qui a obtenu une LA sur une parcelle il y a plusieurs années, peut ainsi transférer celle-ci (avec sa LA) sans l'avoir mise en valeur

ENCADRÉ 4.1

Titre foncier contre titres précaires sur le même terrain

Dans la zone de N'Tabacoro, dans la commune de Mandé, l'Etat a accordé un TF pour la construction de logements sociaux sur des terrains dotés de titres précaires accordés antérieurement par des préfets mais il refuse d'indemniser les titulaires de ces titres précaires (L'Aube. 22 mai 2014).

---

alors qu'un *coxer* peut la vendre parce qu'elle semble vacante. Celui qui achète au *coxer* peut alors, avec la complicité des autorités locales, obtenir lui aussi une LA. L'identité de ceux qui viennent retirer un titre précaire n'est pas toujours contrôlée comme l'indique le Vérificateur général dans son rapport 2011 : « L'Antenne (du bureau spécialisé de la commune IV) a également permis l'enlèvement de 811 CUH par de tierces personnes sans mandat. A titre d'illustration, cinq de ces personnes ont retiré en 2009 entre 38 et 56 CUH. » (République du Mali, 2012, p. 54).

La loi Hamidou Diabaté de décembre 2012 prévoit que tout litige entre un détenteur d'un titre précaire et un détenteur d'un titre de propriété soit désormais tranché par la justice ordinaire alors que, jusque là, il l'était par un tribunal administratif qui pouvait vérifier si toutes les procédures administratives nécessaires pour obtenir le titre de propriété avaient été respectées. Le litige ne peut désormais plus porter que sur les termes du contrat passé entre acheteur et vendeur. Or le conflits entre détenteurs de titres précaires et de titres de propriété (TF) sur le même terrain sont nombreux comme en témoignent les exemples de l'encadré 4.1.

L'importance des relations sociales et politiques et de la corruption

L'attribution de parcelles par les communes peut dépendre des relations sociales et politiques et des liens de clientèle qui jouent un rôle important au Mali. L'appartenance au parti politique majoritaire dans la commune, à un syndicat ou une association influente, la proximité avec une ONG intervenant dans la viabilisation de la commune peuvent être déterminantes pour obtenir une parcelle, en régulariser la tenure et accélérer l'obtention d'un titre précaire ou d'un titre de propriété (Bertrand, 1995 et 2006 ; Leclerc-Olive et Keita 2004). L'encadré 4.2. donne un exemple du rôle que jouent les relations politiques et sociales dans l'allocation de terres publiques.

De même, un titre de propriété (TF) est accordé d'autant plus rapidement et plus facilement (même s'il n'y a pas eu mise en valeur) que des sommes supérieures à celles qui sont officiellement prévues sont payées aux différents services de l'administration et que le demandeur dispose de relations sociales et politiques.

ENCADRÉ 4.2

Le rôle des relations politiques et sociales dans l'attribution de terres publiques : un exemple

Dans une commune du district de Bamako, le conseil municipal avait dressé la liste de ménages ayant droit au recasement suite à un programme de régularisation de la tenure. Les personnes dont le nom figurait sur la liste devaient avoir la priorité pour obtenir une parcelle dans la zone de recasement. Mr X, chassé de sa parcelle à la suite de ce programme, bénéficiait d'une décision d'attribution d'une parcelle. Son nom apparaissait sur la liste avec de nombreux autres bénéficiaires. Moins d'une semaine après, une autre décision émanant de la même commune modifiait la liste des bénéficiaires et la parcelle de Mr X était attribuée à Mr Y, un fonctionnaire de haut rang. La version officielle donnée était que Mr X avait vendu très rapidement sa parcelle à Mr Y. L'administration foncière a expliqué que Mr X avait vendu sa parcelle soit parce qu'il n'en avait pas besoin, soit parce qu'il ne pouvait pas payer les frais liés au recasement. Beaucoup d'autres bénéficiaires du programme de régularisation avaient eux aussi "revendu" leur parcelle immédiatement après le recasement.

Source: Entretien avec un fonctionnaire de l'administration foncière.

"*La question de la corruption est évoquée dans toutes études relatives à la gestion domaniale et foncière. Tous les acteurs consultés au cours des différentes missions en ont fait état. Élus locaux, propriétaires coutumiers, fonctionnaires des services préfectoraux, responsables de la Direction régionale des domaines et du cadastre et investisseurs sont susceptibles d'en bénéficier. Il est important de reconnaître à la fois son enracinement et sa fonction de redistribution des profits anticipés par les différents acteurs intervenant sur le marché foncier et en particulier ceux qui jouent un rôle clé dans le processus de conversion de droits fonciers informels en droits formels*" (Durand-Lasserve, 2009, p. 16).

Des soupçons quant à l'ampleur de la corruption apparaissent à la lecture du Rapport annuel 2011 du Vérificateur général (République du Mali, 2012).[5]

La légalité des ventes

Une parcelle peut être vendue par un détenteur de droits coutumiers ou par un particulier, le plus souvent avec une attestation de vente, qu'il est préférable de faire authentifier par la mairie (voir les documents utilisés pour les différents types de transactions, annexe 4.A), attestation souvent appelée « petit papier » (voir encadré 4.3). Ce type de vente, bien qu'interdit, est très fréquent. L'attestation de vente authentifiée est aussi souvent utilisée pour une vente de parcelle dotée d'un titre précaire alors que cette opération n'est pas légale.

ENCADRÉ 4.3

« Petits papiers »

A propos des attestations de vente authentifiées, Djiré et Touré (2008) expliquent les malentendus qu'elles suscitent : "une des limites des « petits papiers » réside dans le fait qu'ils n'engagent que le signataire et ne produisent d'effet que lorsque ce dernier reconnaît les engagements souscrits, à moins que l'acheteur ne démontre l'authenticité du papier signé... . De façon générale, les acquéreurs de terrains se préoccupent moins d'avoir un acte en bonne et due forme, inattaquable à tous points de vue, que d'avoir juste un document qu'ils pourraient opposer au vendeur ou à un tiers dépourvu de papier. Aussi, optent-ils souvent pour la forme de sécurisation la moins coûteuse. Selon le témoignage du notaire*, la plupart des actes de transactions foncières formalisées par ses soins, à l'exception de ceux relatifs aux titres fonciers, sont des actes de certification de signature. A travers ce système, l'acheteur échappe aux formalités d'enregistrement et aux frais y afférents et par la même occasion se prive de la publicité de l'acte, appelée à produire des effets de droit à l'égard des tiers »

* interrogé par Djiré et Traoré

Beaucoup d'acheteurs sont persuadés d'avoir sécurisé la transaction puisqu'ils sont en possession d'un document qui porte la signature d'une autorité.

Pour vendre légalement une terre dotée d'un titre précaire (CR, CRUH, CUH), il faut qu'un acte notarié ou un document équivalent ait été signé, que le terrain/la parcelle ait été mis(e) en valeur, que l'autorité qui a délivré le titre ait autorisé le transfert du terrain, que les frais, s'élevant à 7% du prix de la parcelle, aient été acquittés et que le lotissement sur lequel se trouve la parcelle soit autorisé. Ces conditions sont rarement réunies.

Les ventes qui ne respectent pas les dispositions légales sont nombreuses. Elles sont représentées dans le tableau 4.1. qui tient compte à la fois du statut de la tenure —formel et informel—, de la parcelle vendue et de la transaction elle même. Seules les transactions portant sur des parcelles ou terrains avec un titre de propriété, qui ont fait l'objet d'un acte notarié, sont considérées comme légales et formelles. Elles supposent que des taxes élevées aient été payées.

Les filières d'approvisionnement en terres et le marché des parcelles destinées au logement

Le marché foncier des parcelles destinées au logement se caractérise par des degrés divers d'informalité et de formalité (voir sous-section 2.1). La figure 4.2. présente ces différents degrés et indique dans quelle filière d'approvisionnement en terres ces parcelles (ou les terrains dont elles sont issues) ont été mises sur le marché pour la première fois.

Tableau 4.1 Degrés d'informalité des transactions sur le marché foncier selon le statut de la tenure et le document utilisé pour la transaction

Document utilisé pour la transaction	Statut de la Tenure				
	Titre foncier	Titre précaire		Document administratif	Aucun document
		Transfert autorisé	Transfert non autorisé		
Acte notarié	Formel *	Formel *	Impossible	Impossible	Impossible
Attestation de vente authentifiée	Impossible	Non autorisé mais toléré (7)	Non autorisé mais fréquent (6)	Non autorisé mais fréquent (5)	Non autorisé mais fréquent (4)
Attestation de vente non authentifiée	Impossible	Non autorisé. Peut être risqué (3)	Non autorisé. Peut être risqué (2)	Non autorisé. Peut être risqué (2)	Non autorisé. Peu fréquent (1)

* Transaction légale à condition que le titre délivré ne soit pas un faux (voir Faux titres fonciers, attributions multiples de LA sur la même parcelle)
Les chiffres entre parenthèses indiquent le degré d'informalité de la transaction (1 pour la plus informelle, 7 pour la moins informelle).

Les acteurs : leur rôle dans le système d'approvisionnement en terres

Les acteurs par filière et zone géographique d'intervention

Les acteurs qui interviennent dans le système d'approvisionnement en terres sont nombreux. Le tableau 4.2 ci-dessous présente en détail leur participation selon les filières et les zones géographiques d'intervention. Leurs fonctions peuvent être regroupées en six grandes catégories : (1) fournisseurs/vendeurs de terres ; (2) acheteurs de terres ; (3) institutions responsables des attributions et des transactions (fourniture d'attestations de vente authentifiées, de documents administratifs, de titres précaires et de titres de propriété) ; (4) intermédiaires entre vendeurs, acheteurs et autorités (*coxers*, *brokers*) ; (5) professionnels (géomètres qui bornent et subdivisent la terre, notaires et urbanistes) et (6) institutions financières de crédit.

Les services rendus par certains acteurs et leur coût

Beaucoup de ces acteurs font payer leurs services, ce qui accroît le coût de l'accès à la terre. Djiré (2006) montre que le coût des procédures légales à engager pour obtenir un titre foncier pour une terre qui est coutumière au départ est lui même très élevé.

Des indications supplémentaires ont été fournies par des informateurs. Il faut payer pour faire authentifier une attestation de vente, obtenir l'autorisation de transférer la terre et pour la délivrance d'un titre. L'encadré 4.4 donne quelques exemples. Certains de ces frais sont légaux ; d'autres ne donnent lieu à aucun reçu.

56

Figure 4.2 Le marché des parcelles destinées au logement selon le degré de formalité/informalité

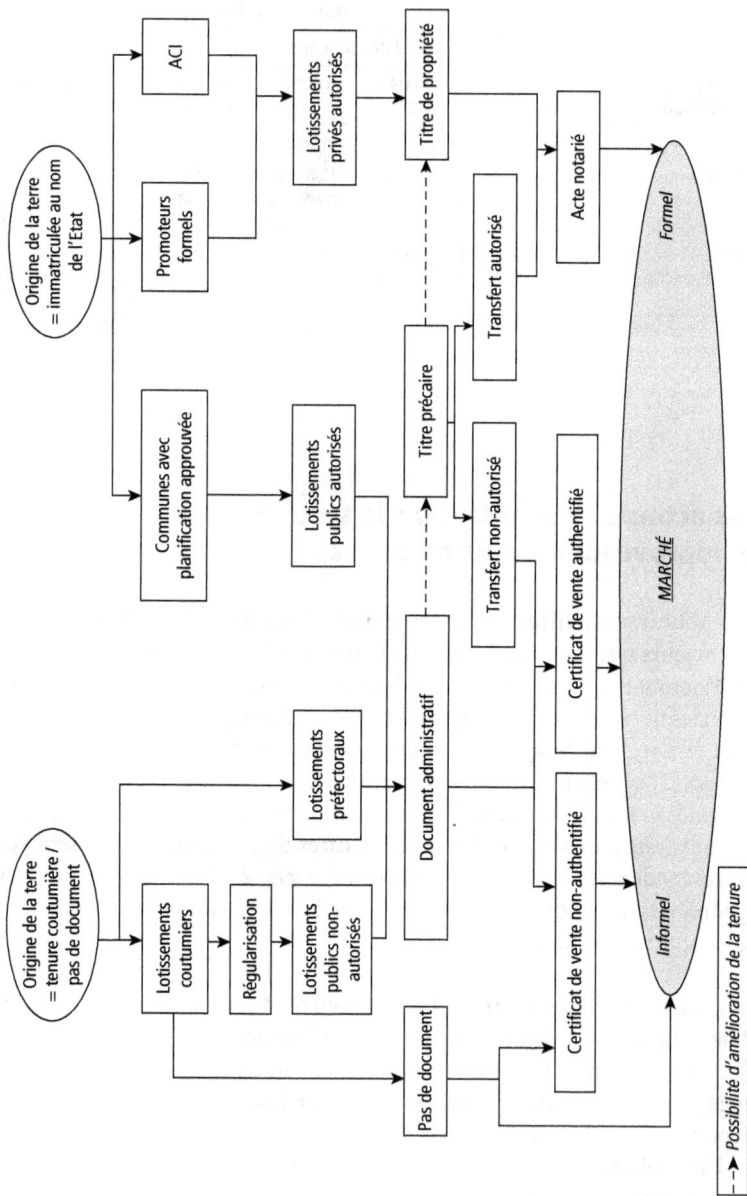

Tableau 4.2 Acteurs impliqués dans les attributions et les transactions

Acteurs impliqués		Filières d'approvisionnement en terres			Principales zones d'intervention		
		Coutumière	Publique et parapublique	Privée formelle	District de Bamako	Zone périurbaine de Bamako	Hinterland rural de Bamako
Fournisseurs / vendeurs de terres	Institutions gouvernementales		*	*	*	*	*
	ACI		*		*	*	*
	Communes		*		*	*	*
	Individus			*	*	*	*
	Détenteurs de droits coutumiers (1)	*				*	*
	Promoteurs informels	*				*	*
	Promoteurs formels		*	*	*	*	*
Acheteurs de terres	Agents des pouvoirs centraux et locaux	*	*	*	*	*	*
	Négociants et commerçants	*	*		*	*	*
	Individus	*	*	*	*	*	*
	Promoteurs informels/ coxers	*	*			*	*
	Promoteurs formels		*	*	*	*	*
Institutions responsables des attributions et transactions de terres	Autorités villageoises	*					*
	Autorités des communes périurbaines	*	*			*	
	Communes dans le District de Bamako		*		*		
	Gouvernement central région de Koulikoro/DDC–DB						
	Préfet, Sous-préfet	*	*			*	*
	Conseil des Ministres	*	*	*	*	*	*
	DNDC / DRDC	*	*	*	*	*	*
	Cadastre / CARPOLE	*	*	*	*	*	*

(continue page suivante)

Tableau 4.2 (suite)

Acteurs impliqués		Filières d'approvisionnement en terres			Principales zones d'intervention		
		Coutumière	Publique et parapublique	Privée formelle	District de Bamako	Zone périurbaine de Bamako	Hinterland rural de Bamako
Intermédiaires	Courtiers	*	*	*	*	*	
	Coxers	*	*		*	*	*
Professionnels	Géomètres	*	*	*	*	*	*
	Notaires		*	*	*	*	*
	Urbanistes		*	*	*	*	
Institutions financières/crédit			*	*	*	*	

(1) Quand les détenteurs de droits coutumiers vendent de la terre qui est déjà sortie de la filière coutumière, ils sont classés comme "individus".

ENCADRÉ 4.4

Coût de quelques procédures

Selon nos informateurs, il faut payer l'équivalent de 1% du prix du terrain à la commune, dans le cercle de Kati, pour obtenir une attestation de vente authentifiée dans une transaction coutumière. Avec ce document, le prix peut être multiplié par deux en cas de revente. Pour passer d'une attestation de vente authentifiée à un titre provisoire (CR), l'acheteur d'une terre rurale doit officiellement payer 60 000 FCFA/ha mais le coût total de l'opération peut s'élever en réalité à 300 000 voire 400 000 FCFA/ha. Dans toutes les communes, pour transférer un titre précaire, il faut une autorisation du bureau spécialisé de l'Antenne de la DRDC de la commune ayant délivré le titre qui coûte l'équivalent de 7% du prix du terrain. Le transfert peut être refusé s'il n'y a pas d'acte notarié et s'il n'y a pas eu de mise en valeur. Des arrangements peuvent toutefois être trouvés avec l'administration.

Les intermédiaires contribuent aussi à l'augmentation des coûts d'accès à la terre, notamment les *coxers* qui cherchent à obtenir très rapidement le plus de bénéfices possible en profitant de la confiance des vendeurs et de la précipitation des acheteurs, sans se préoccuper de la légalité de la transaction. Selon nos informateurs, un *coxer* peut toucher une commission allant de 5 à 10% du prix de vente d'un terrain coutumier. Il peut aussi obtenir une commission de l'acheteur. Les coxers peuvent faire accélérer les procédures pour obtenir une attestation de vente authentifiée, un titre précaire ou un titre de propriété.

La rémunération des professionnels, enfin, pèse aussi de manière significative sur le coût d'accès à la terre. Les géomètres sont payés, après subdivision, soit en parcelles soit en argent. Pour la vente de terres coutumières, ils reçoivent entre 10 et 20% des parcelles. Les géomètres ne sont pas toujours officiellement enregistrés et jouent parfois aussi le rôle de *coxer*.

Les conflits qui traversent le système d'approvisionnement en terres

Les conflits et litiges fonciers tiennent depuis longtemps une place importante dans l'actualité malienne ; ils se sont intensifiés depuis 2010. Différentes associations regroupant les victimes de déguerpissements (terrains urbains et agricoles confondus) ont ainsi occupé la Bourse du travail à Bamako pendant trois jours, début avril 2014. Les conflits, qui peuvent donner lieu à des déguerpissements et à la destruction de logements concernent des populations importantes. Ils sont situés à la jonction des trois filières et ont pour origine : (1) les imprécisions quant à la portée et à la prise en compte des droits coutumiers et quant aux limites des communes ; (2) les opérations de lotissement, de régularisation et de déguerpissement-recasement et (3) l'attribution de terrains avec un titre de propriété à l'ACI, aux sociétés de promotions foncière et aux coopératives de logements ainsi que l'achat par les sociétés de promotion immobilière et les coopératives de logements de terrains coutumiers pour lesquels elles ont obtenu un titre de propriété (voir chapitre 3). La distinction entre ces trois types de conflits est très théorique car ils peuvent se recouper. Ils se manifestent le plus souvent lors de l'arrivée des géomètres chargés du bornage et des engins chargés de commencer les travaux de viabilisation et de procéder à la démolition de logements, généralement avec l'appui des forces de l'ordre. L'existence de plusieurs titres de propriété ou de lettres d'attribution sur le même terrain (voir tableau 3.1) provoque de très nombreux litiges qui sont portés devant la justice ou réglés par les intéressés eux-mêmes. Selon le procureur général de la Cour Suprême du Mali (République du Mali, 2009), 80% des litiges portés devant les tribunaux ont pour cause un problème foncier, tandis que le Bâtonnier affirme que l'insécurité foncière est la principale source des conflits sociaux au Mali (République du Mali 2009).

Imprécisions concernant les droits coutumiers

La définition et les modalités de la prise en compte des droits coutumiers sont imprécises et les habitants des villages détenteurs de ces droits considèrent souvent qu'ils sont spoliés. Le Code domanial et foncier de 2000 indique qu'avant d'immatriculer ou d'affecter un terrain, l'Etat doit entreprendre une enquête publique contradictoire dont les procédures ne sont cependant pas toujours respectées. Cette situation provoque des conflits qui peuvent opposer les détenteurs de droits coutumiers, les populations auxquelles ces derniers ont attribué ou vendu des terres, les sociétés de promotion foncière et immobilière, l'Etat et les communes. Des exemples sont donnés dans l'encadré 4.5.

Il arrive parfois qu'à l'occasion d'une opération de recasement dans le district de Bamako, les jeunes de deux quartiers se disputent les droits coutumiers sur le terrain de l'opération en invoquant l'antériorité de son occupation par leurs ancêtres. C'est, par exemple, le cas des quartiers Sokonanfing et Koulouba.[6]

Lotissements, opérations de régularisation et de déguerpissement-recasement

Les conflits présentés ci-dessus peuvent avoir comme origine une opération de lotissement comme cela a été le cas dans la commune de Dialakorodji présenté dans l'encadré 4.5. L'opposition des occupants des terrains destinés au lotissement s'est soldée par un mort, plusieurs blessés et de nombreuses arrestations (Bourdarias 2003 et 2006). Les occupants des terrains avaient été auparavant déguerpis du quartier mitoyen de la commune I, engagé dans un lotissement dans le cadre d'une opération de réhabilitation-régularisation. On assiste ainsi à des déplacements répétés de populations, toujours plus loin du centre.

ENCADRÉ 4.5

Conflits portant sur les droits coutumiers

Coutumiers, sociétés de promotion foncière et immobilière, et occupants des terrains coutumiers

Le lotissement réalisé sur le village de Sokonanfing, commune III de Bamako, par la société de promotion immobilière SIFMA, a fait l'objet, en 2011, d'une demande d'annulation par les chefs coutumiers du village. La société SIFMA dit avoir respecté toutes les règles et son PDG déclare : « Une capitale ne saurait être gérée par le droit coutumier lorsqu'on sait que la terre appartient à l'Etat. La loi dit que le terrain immatriculé ne peut plus revenir à l'ancienne forme ». [a] (Ce conflit qui a été porté devant la justice, s'est traduit par des démolitions de logements et connaît de nombreux rebondissements. [b]

Coutumiers, communes, et occupants des terrains

A Dialakorodji, cercle de Kati, Kougnoumani plateau, 3 000 personnes ont été chassées de leurs parcelles et leurs maisons cassées en 2004 à la demande de la commune I de Bamako alors que, disent-elles, elles avaient acheté ces parcelles aux propriétaires coutumiers. [c]

A Mamaribougou-Dollarbougou, dans la commune de Mandé, des démolitions de logements construits sur des parcelles faisant partie d'un terrain que le maire veut lotir ont commencé. Les occupants des parcelles se considèrent comme expropriés puisqu'ils détiennent des documents « signés par le chef de village ». [d]

(a) "Litige foncier à Kouloumagni: le maire de la commune III accuse. La SIFMA dénonce une appropriation planifiée," *Mali Demain*, 9 octobre 2012.
(b) "Haro sur les spéculateurs fonciers: Toutes les constructions illicites sur des titres fonciers d'autrui seront dorénavant démolies," *La Mutation*, 6 mai 2014.
(c) "Morcellement et occupation illicites de parcelles: les autorités municipales de Diala engagent la chasse aux sorcières contre les fautifs," *La Révélation*, 27 avril 2011.
(d) "Dollarbougou: l'affaire foncière qui divise," *Le Katois*, 4 décembre 2013.

La situation est très tendue quand les parcelles destinées au recasement sont déjà occupées par des personnes qui, soit ont précédemment acheté la terre à des détenteurs de droits coutumiers, soit ont bénéficié d'un don de ces derniers. Des exemples sont présentés dans l'encadré 4.6.

Attributions de terres avec TF par l'Etat aux communes, aux sociétés de promotion immobilière et aux coopératives de logements

Les conflits d'intérêt entre l'Etat, l'ACI et certaines communes ont été nombreux lors de l'attribution par l'Etat de très grands terrains avec TF sur le territoire des communes de Bamako, elles-mêmes lancées dans des opérations de

ENCADRÉ 4.6

Lotissements, régularisation et recasements sur des terrains qui ont un titre foncier

Dans la zone de Missabougou verger, commune VI de Bamako, l'équipe communale a attribué de nombreux titres précaires sur des parcelles à bâtir situées dans la propriété d'une société immobilière ayant un TF. Le 15 juin 2012, le gouverneur du district de Bamako a donné ordre au maire de faire arrêter les travaux en cours sur le site et d'annuler les titres déjà attribués. [a]

Dans le quartier de Sebenikoro, commune IV de Bamako, le recasement des familles sur plus de 260 lots, opéré en 1996 par la mairie et le gouvernorat du district de Bamako dans le cadre de l'opération « Sauvons notre quartier » et de la réhabilitation du quartier de Sebenikoro, est remis en cause en février 2011, par une société qui dit être propriétaire de ces lots. [b]

Sources :
(a) "Spéculation foncière à Missabougou: un seul coupable: le maire de la commune IV," *L'Indicateur du Renouveau*, 18 octobre 2012.
(b) "Litige foncier à Sebénicoro: Plus de 260 familles menacées d'expropriation par la société GAMMA-SA," *L'Indépendant*, 27 juin 2012.

---

lotissements sans avoir de titre de propriété (voir La filière publique et para-publique au chapitre 3).

Depuis le début des années 2000, les terrains attribués par l'Etat, soit aux communes du cercle de Kati qui ont un Schéma directeur approuvé en conseil des Ministres, soit aux sociétés de promotion immobilière notamment pour la construction de logements sociaux, soit encore aux coopératives de logements font l'objet de fortes contestations de la part de ceux qui considèrent être détenteurs de droits coutumiers sur ces terres et de ceux qui leur ont acheté une parcelle et y ont construit un logement (Bertrand, 2012).

Une personne prétendant détenir un titre de propriété sur un terrain peut menacer de déguerpissement ses occupants comme cela apparaît dans l'encadré 4.7.

Expropriations pour cause d'utilité publique

Ces expropriations se produisent notamment à l'occasion de la construction d'infrastructures et donnent lieu à des conflits d'autant plus importants que le retard dans le versement des indemnisations contraint certains expropriés à vendre leur parcelle à des spéculateurs. L'étude menée sur les expropriations entre 2010 et 2012 par le Groupe de suivi budgétaire (GSB, une organisation de la société civile) précise ainsi : « L'Etat gagnerait en indemnisant les victimes d'expropriation foncière avant la mise en valeur des projets d'utilité publique afin d'éviter les spéculations foncières de la part des citoyens ».[7]

ENCADRÉ 4.7

Litiges autour d'un titre foncier

À Sénou-Plateau, commune VI, un investisseur a voulu, fin février 2012, chasser plus de 2 000 familles, installées depuis des années, sur des parcelles (surface totale de 60 ha) prévues dans le Schéma de viabilisation de Sénou établi par la mairie de la commune VI. En se prétendant détenteur d'un titre foncier, il a fait faire la topographie et le bornage des 60 ha. La population s'est mobilisée ; les forces de l'ordre sont intervenues et ont procédé à des tirs de sommation pour disperser les manifestants. Les affrontements ont duré trois jours faisant des blessés et entraînant des arrestations.[a] Après ces incidents, les autorités[b] ont décidé de chasser cet individu et se disaient prêtes à diligenter une enquête pour établir les responsabilités.

(a) "Situation explosive à Sénou: Babou Yara va exproprier plus de 2000 familles," *L'Indicateur du Renouveau*, 29 février 2012.

(b) Ministères de l'Administration territoriale et des Collectivités Locales, du Logement, des Affaires foncières et de l'Urbanisme et les autorités municipales et traditionnelles de Sénou.

Annexe 4A Documents utilisés pour les transactions (que celles-ci soient autorisées ou non)

Type de vente légale ou tolérée	Documents pouvant être utilisés et conditions à remplir
Achat de terres coutumières sans morcellement	Attestation de vente authentifiée ou non. Transformation ultérieure possible en titre précaire (CR) puis en titre de propriété
Achat d'une parcelle après morcellement d'une terre coutumière (parcelles avec document administratif : bulletin)	Attestation de vente authentifiée et transfert du bulletin (qui ne porte pas de nom). Transformation ultérieure possible en titre précaire (CRUH)
Achat d'une parcelle avec document administratif (lettre de notification ou lettre d'attribution) établi par la commune	Attestation de vente authentifiée. Vente par le bénéficiaire du document administratif quand il n'en a pas besoin, ou veut de l'argent tout de suite ou ne peut pas payer les frais d'édilité et de viabilisation. Transformation ultérieure possible en titre précaire (CUH)
Achat d'une parcelle avec titre précaire délivré par la commune. (CUH ou CRUH)	Acte notarié si une autorisation de transfert a été donnée par la commune qui a délivré la concession. Coût de cette autorisation = 7% du prix de la parcelle. Après paiement des droits, délivrance d'une CUH ou CRUH au nom de l'acheteur et transformation ultérieure possible en titre de propriété (TF) si la parcelle est dans un lotissement autorisé.
	Ou attestation de vente authentifiée. La transaction a souvent lieu sans que soit porté sur le titre le nom de l'acheteur afin de ne pas payer les frais d'autorisation.
Achat d'un terrain ou d'une parcelle avec titre de propriété (TF)	Acte de vente notarié, paiement des frais de mutation soit 0,9% du prix.
L'achat peut porter sur tout le terrain avec TF ou sur une partie. Dans ce cas, l'acheteur doit extraire un TF pour sa parcelle.	

Notes

1. Le terme de lotissement est souvent mal utilisé. Selon le décret n°05-115 du 9 mars 2005 (qui fixe les modalités de réalisation des différents types d'opérations d'urbanisme), "le lotissement est la subdivision d'un terrain vierge d'un seul tenant en parcelles avec des aménagements appropriés d'infrastructures et équipements collectifs pour accueillir les constructions à réaliser par les occupants futurs". Le décret précise qu'un lotissement ne peut être créé que sur un terrain doté d'un titre foncier ; il doit avoir été autorisé par le directeur régional de l'Urbanisme et de l'Habitat et approuvé par le gouverneur de la région ou du district de Bamako. Par infrastructures et équipements collectifs, le décret entend « les travaux de voirie, d'assainissement, d'adduction d'eau, d'électricité et de téléphone ». Le travail de terrain mené pour cette recherche a montré que les habitants comme les autorités utilisent ce terme de lotissement pour qualifier des opérations très différentes les unes des autres. Il y a six types de lotissements (voir chapitre 3) : 1) les lotissements coutumiers ; 2) les lotissements préfectoraux (ces deux types de lotissement concernent de la terre coutumière et ne sont pas en principe autorisées) ; 3) les lotissements communaux qui font suite à une opération de réhabilitation et régularisation et qui sont autorisés si le plan d'urbanisme de la commune a été approuvé en conseil des Ministres ; 4) les lotissements communaux non autorisés ; 5) les lotissements privés autorisés et 6) les lotissements privés non autorisés.

2. Celui qui fait une demande de titre précaire (CUH ou CRUH) ne doit pas avoir une autre parcelle en concession dans la même commune (sauf une parcelle mitoyenne) et toute attribution d'une concession de plus de 1000 m2 doit être autorisée par un représentant de l'Etat.

3. Ainsi, dans la localité de Soro, il a attribué à une seule personne plusieurs CR de 5 ha chacune pour une superficie totalisant 459 ha.

4. "Pour préserver des spéculations les sites mis à leur disposition à Gouana: Vers une union sacrée des deux plus grandes unions de coopératives d'habitat," *L'Indépendant*, 20 mars 2014.

5. Le rapport (p. 55) indique : « La DDC-DB a minoré des prix de cession de terrains et n'a pas appliqué le principe de la majoration des prix de cession pour un montant global de 80,35 millions de FCFA, en violation des dispositions du décret n°02-114/P-RM du 6 mars 2002 portant fixation des prix de cession et des redevances des terrains urbains et ruraux du domaine privé de l'Etat. En outre, la DDC-DB a accordé à des promoteurs immobiliers n'ayant pas fourni de programmes immobiliers agréés des avantages indus se chiffrant à 163,94 millions de FCFA en violation des dispositions du décret n°00-274/P-RM du 23 juin 2000 déterminant les modalités d'attribution des avantages accordés aux promoteurs immobiliers. »

6. « Litiges fonciers : le courant ne passe plus entre Koulouba et Sokonanfing », *L'Indicateur du Renouveau*, 26 avril 2013.

7. "Expropriation foncière par l'Etat entre 2010 et 2012 : plus de 11,7 milliards de FCFA payés par le contribuable," *L'Indicateur du Renouveau*, 13 février 2014.

Documents de référence

Bertrand, M. 1995. « Bamako, d'une République à l'autre », *Annales de la recherche urbaine*, 66, pp. 40-51.

Bertrand, M. 2006. "Foncier débridé/foncier bridé: enjeu récent de la décentralisation ou alternance centrale dans l'histoire longue des communes urbaines maliennes." in *Décentralisation des pouvoirs en Afrique en contrepoint des modèles territoriaux français*, Fay. Cl (ed), pp. 179-98. Paris: Institut de recherche pour le développement.

Bertrand, M. 2012. « Du District au « Grand Bamako » (Mali): Réserves foncières et tension, Gouvernance contestée », 13ème Conférence N-Aerus « La ville inégalitaire, espaces contestés, gouvernances en tension », Paris, 22-24 Novembre 2012.

Bourdarias F. 2003. « ONG et développement des élites », *Journal des anthropologues*, 94-95, pp. 23-52.

Bourdarias, F. 2006. La décentralisation, la coutume et la loi. Les constructions imaginaires d'un conflit à la périphérie de Bamako (Mali), in *Décentralisation des pouvoirs en Afrique en contrepoint des modèles territoriaux français*, Fay. Cl (ed), pp. 221-238. Paris: IRD.

Djiré, M. et Traoré, K. 2008. "Assurer la sécurisation légale des transactions foncières : quel rôle pour les intermédiaires et facilitateurs ? Études de cas en zones péri-urbaine et dans le Mali-Sud", Support to the Legal Empowerment of the Poor, Legal Empowerment in Practice – LEP Working Paper. FAO.

Durand-Lasserve, A. 2009. « Harmonisation des systèmes fonciers au Mali par une intégration du droit coutumier au droit formel ». Programme d'appui aux collectivités territoriales (Division Gestion du foncier communal), GTZ Mali.

Leclerc-Olive, M. et Keita, A. 2004. « Les villes : laboratoires des démocraties ? », rapport de recherche. PRUD / ISTED / GEMDEV. Paris.

République du Mali (2009) « Actes de la rentrée judiciaire », bulletin d'information de la Cour suprême du Mali, N° 10. Bamako.

République du Mali. 2012. « Bureau du Vérificateur général du Mali - Rapport 2011. » Bamako.

Chapitre 5

Résultats de l'enquête sur les transferts fonciers récents

Objet, méthodologie et échantillon

En s'appuyant sur les enseignements tirés du système d'approvisionnement en terres et du marché foncier (voir figures 4.1 et 4.2), une enquête a été menée, entre février et avril 2012, pour recueillir des informations sur les caractéristiques des transferts de parcelles non bâties (attributions, transferts non monétaires de terres coutumières, et ventes de terres) survenus au cours des trois années précédentes dans les zones urbaines, périurbaines de Bamako et dans son hinterland rural (voir tableau 2.1). L'enquête a permis d'obtenir des informations sur 1 655 transferts, entre 2009 et 2012, de parcelles non bâties situées à une distance comprise entre 3,5 km et 72 km du centre-ville. L'unité d'observation étant la parcelle et non pas le ménage, les données relatives à chacune des parcelles ont été recueillies par une équipe d'enquêteurs auprès de différents informateurs locaux (voisins, *coxers*, chefs coutumiers, acheteurs, usagers, vendeurs, et élus). Les informations recueillies portent sur les caractéristiques de chaque parcelle (usage de la terre, surface, infrastructures et services), sa localisation (coordonnées GPS, commune, distance à la route goudronnée la plus proche et au fleuve), sa tenure (type de tenure et documents correspondants), et son prix, ainsi que sur les acheteurs et les vendeurs. Le questionnaire est présenté dans l'annexe 5.A.

Bien qu'il ait été impossible d'effectuer une sélection strictement aléatoire des parcelles, la zone enquêtée a été couverte de manière uniforme, en particulier le long des routes partant du centre de Bamako. Ainsi, bien que l'échantillon ne puisse être considéré comme parfaitement représentatif de l'ensemble des parcelles ayant fait l'objet d'un transfert à Bamako et ses environs durant la période considérée, des enseignements peuvent néanmoins être tirés sur les caractéristiques des grandes catégories de transferts, sur les options possibles et les stratégies des ménages pour obtenir un terrain et tenter d'en sécuriser la tenure.

La carte 2.1 dans le chapitre 2 représente la zone étudiée : les zones urbaines et périurbaines de Bamako et son hinterland rural, qui couvre le district de Bamako, le cercle de Kati et une partie du cercle de Koulikoro. L'enquête a permis de recueillir des données sur les transferts dans 27 communes de cette zone.[1] La carte 5.1 superpose sur ce même fond de carte les parcelles enquêtées. La zone urbaine, telles qu'elle a été identifiée visuellement en tenant compte de la densité et de la contiguïté de la zone construite, est représentée en gris hachuré ; elle s'étend au-delà des frontières du district. Les zones périurbaines et l'hinterland rural se situent au-delà de la zone urbaine.

Carte 5.1 Localisation des terrains enquêtés

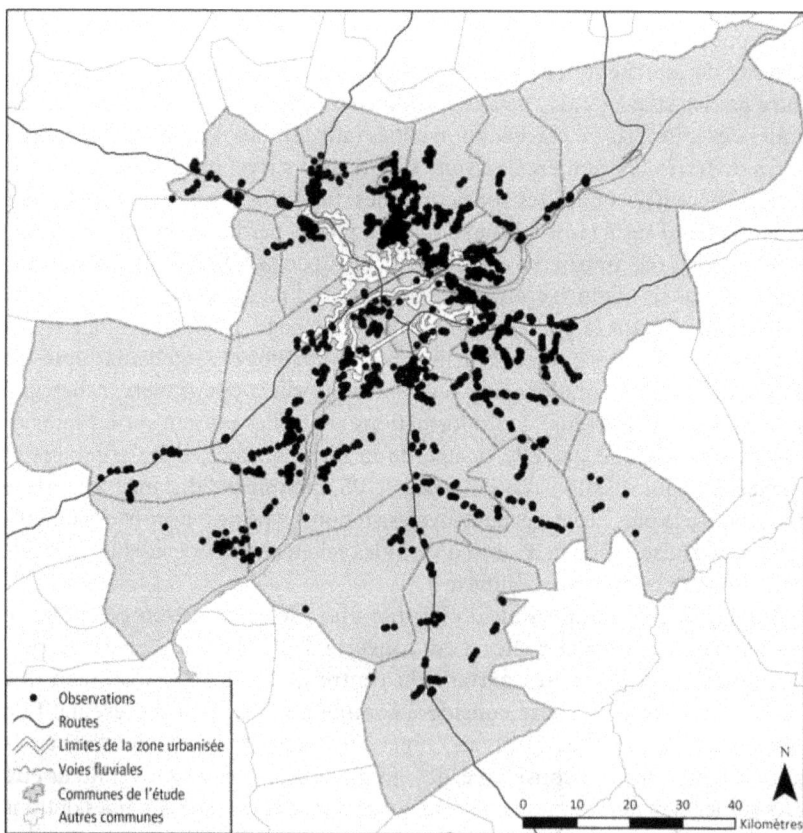

Source: Carte préparée par Brian Blankespoor à partir des données de l'enquête réalisée en 2012 pour l'étude et de données de la Direction Nationale des Collectivités Territoriales.

La segmentation spatiale des transferts fonciers

L'objectif principal de l'enquête est d'étudier comment s'est fait l'accès à la terre à Bamako et ses environs au cours des années récentes afin d'identifier les modes d'accès en termes de tenure, de transitions possibles entre les formes de tenure tout en rendant compte de la dynamique du système d'approvisionnement en terres (voir figure 4.1). Une période de trois ans seulement a été choisie pour obtenir des réponses d'une qualité suffisante aux questions rétrospectives. En suivant la description du système d'approvisionnement en terres présentée dans le chapitre 4, les transferts fonciers peuvent être classées en quatre catégories :

1. Achat de terres à un détenteur de terres coutumières et accès non monétaire à une terre coutumière ;
2. Attribution d'une parcelle de terre publique ;
3. Achat d'une parcelle dans un lotissement privé autorisé aménagé par un promoteur privé ;
4. Achat d'une parcelle autre que 1 et 3 sur le marché foncier.

Pour analyser les données recueillies, les transferts ont été classés en utilisant les catégories suivantes :

- Achat de terres sur le marché foncier non coutumier en rassemblant les catégories 3 et 4 qu'il était impossible de séparer dans nos données ;
- Attribution de terres publiques (parcelles obtenues directement des autorités publiques), correspondant à la catégorie 2 ;
- Achat de terres sur le marché foncier coutumier (terres achetées à un détenteur de terres coutumières) correspondant à une sous-catégorie de 1 et
- Accès non monétaire à une terre coutumière (terres coutumières obtenues en contrepartie d'un paiement symbolique, sous la forme de noix de kola ou parfois d'un poulet), qui correspond à l'autre sous-catégorie de 1.

Il faut noter que l'échantillon n'étant pas parfaitement représentatif de l'ensemble des parcelles ayant fait l'objet de transferts au cours de la période étudiée, il ne rend pas compte de l'importance relative des différentes catégories de transaction mais en il donne cependant un ordre de grandeur approximatif. L'objectif de l'enquête est de montrer la diversité des situations et des moyens par lesquels les ménages peuvent éventuellement améliorer le statut de leur tenure à Bamako et ses environs. L'échantillon est composé de la manière suivante : parcelles achetées sur le marché non coutumier (68%) parcelles allouées par les pouvoirs publics (3%) ; parcelles achetées sur le marché coutumier (20%) ; parcelles coutumières obtenues sans transactions monétaires (9%).

Il convient de noter que ces chiffres sont indicatifs des flux concernant les transferts fonciers récents de terrains non-bâtis et non pas des transactions constitutives du stock de parcelles bâties ou non à Bamako et ses environs.[2]

Les différentes catégories de transferts tendent à se faire dans des zones différentes. Ceci apparaît sur la figure 5.1 qui représente les coordonnées géographiques des observations de l'échantillon selon la catégorie de transfert.

Les types de transferts sont différents selon le lieu. Même si ceux qui portent sur les terres publiques et sur le marché non-coutumier sont dispersés sur toute la zone étudiée, ils sont situés plutôt en son centre. Par opposition, les transferts, monétaires ou non, de parcelles coutumières sont localisés dans la partie de la zone périurbaine la plus éloignée du centre et dans l'hinterland rural. La base de données révèle un nombre non négligeable de transferts non monétaires de terrains coutumiers situés en grande périphérie : alors que la médiane des distances au centre-ville pour les transactions coutumières monétaires est de 32 km, elle est plus importante et atteint 37 km pour les transferts non monétaires. Ces remarques confirment les observations déjà faites par les chercheurs en sciences sociales sur "l'émergence de marchés fonciers" favorisée par

Figure 5.1 Répartition spatiale des transferts fonciers

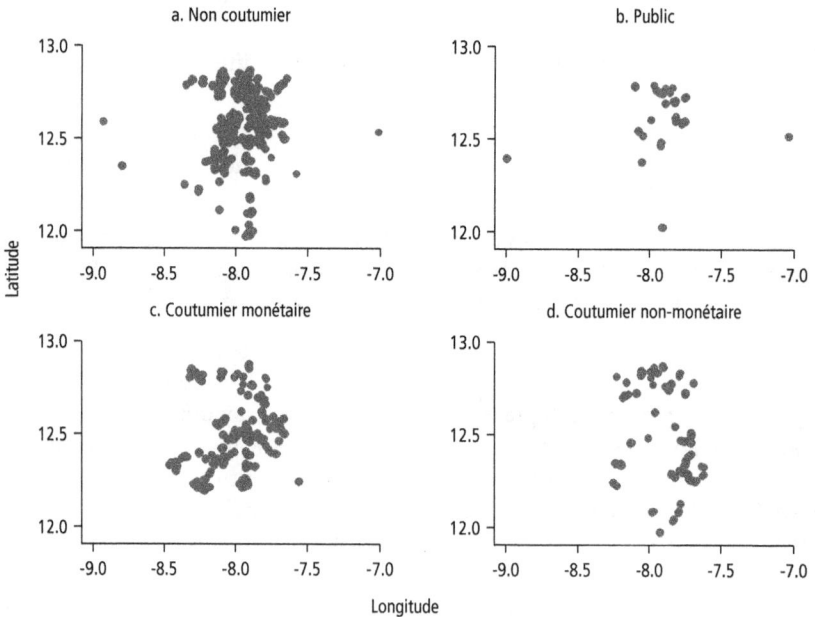

Source: enquête des auteurs, 2012.

l'expansion urbaine et la transformation de terres coutumières dans les zones périurbaines d'Afrique (voir Durand-Lasserve 2004 ; Rakodi et Leduka 2004 ; Wehrmann 2008).

Les caractéristiques principales des différents types de transferts sont présentées de manière détaillée dans le tableau 5.1 ci-dessous. On peut y observer que la primauté de l'usage agricole ne concerne que les parcelles transférées selon la coutume par un propriétaire coutumier (83%) alors que presque la moitié des transactions sur le marché coutumier sont à usage résidentiel au moment de l'enquête. Ceci illustre bien la transformation des terres coutumières en terres urbaines à la suite de transactions monétaires et la concurrence entre les deux usages dans les zones où le marché foncier se développe sous l'influence de la ville. Comme on pouvait s'y attendre, les parcelles à usage résidentiel (qui représentent les deux tiers de l'échantillon) sont plus proches du centre-ville que les terrains à usage agricole, aussi bien pour tout l'échantillon que pour chacune des catégories de transfert.

Le prix médian des parcelles au moment du transfert est plus élevé pour les transactions sur le marché non coutumier que pour les transactions sur le marché coutumier, ce qui parait logique puisque les parcelles vendues sur le premier marché sont plus proches du centre-ville (voir figure 5.1) et que le processus de formalisation y est plus avancé.[3]

Le tableau 5.2 présente le profil des vendeurs et acheteurs selon le type de transfert. La plupart des vendeurs de parcelles sont des exploitants agricoles (63%) mais leur part est nettement plus importante (97%) dans les transferts coutumiers non monétaires que sur les marchés coutumier (84%) et non coutumier (56%, mais 53% pour les parcelles à usage résidentiel et 73% pour les parcelles à usage agricole). Il est intéressant de noter que c'est sur le marché non coutumier que la part des *coxers* identifiés comme vendeurs (16%) est la plus importante.[4]

Contrairement à ce qui vient d'être noté pour les vendeurs, les agriculteurs sont très minoritaires parmi les acheteurs de parcelles (12%). Bien que la profession d'un nombre important d'acheteurs ne soit pas connue, les chiffres suggèrent que leurs caractéristiques dépendent du type de transfert. Alors que 77% des ceux qui accèdent par transfert non monétaire à des terres coutumières sont des agriculteurs, ceux-ci ne représentent que 9% de ceux qui ont acheté une terre sur le marché coutumier et 4% des acheteurs sur le marché non coutumier. On peut penser que ces deux dernières catégories d'agriculteurs sont plutôt des investisseurs alors que ceux qui accèdent à la terre par transfert non monétaire font plutôt partie de ménages à faibles revenus qui ont obtenu le droit de cultiver la terre et non de la posséder. La faible part des agriculteurs parmi les acheteurs sur le marché non coutumier reflète le caractère essentiellement résidentiel de ce marché (voir tableau 5.1 ci-dessus).

Tableau 5.1 Caractéristiques des transferts fonciers

Type de transfert	Définition	Nombre d'obs.	Distance médiane au centre-ville (Kilomètres)	Pourcentage de parcelles à usage résidentiel (pourcent)	Taille médiane	Prix médian (au moment du transfert)
Marché non coutumier	Terre achetée à un détenteur non coutumier (y compris terre publique attribuée antérieurement ou terre coutumière à l'origine)	1 120	21	84	Résidentiel : 300 m² — Agricole : 2 ha	Résidentiel (CFA/m²) : 1 125 — Agricole (CFA/ha) : 500 000
Public	Terre attribuée directement par les autorités centrales et locales	52	21	75	Résidentiel : 300 m² — Agricole : 2 ha	Résidentiel (CFA/m²) : 1 583 — Agricole (CFA/ha) : 750 000
Marché Coutumier	Terre achetée à un coutumier	328	32	47	Résidentiel : 400 m² — Agricole : 3 ha	Résidentiel (CFA/m²) : 823 — Agricole (CFA/ha) : 300 000
Coutumier non monétaire	Terre obtenue selon la coutume	154	37	17	Résidentiel : 450 m² — Agricole : 2 ha	Résidentiel (CFA/m²) : s.o. — Agricole (CFA/ha) : s.o.

Source: Enquête des auteurs, 2012.

Tableau 5.2 Acheteurs et vendeurs/fournisseurs de terres selon leur profession et le type de transfert
(en pourcentage)

Profession	Marché non-coutumier Vendeurs	Marché non-coutumier Acheteurs	Public Vendeurs	Public Acheteurs	Marché coutumier Vendeurs	Marché coutumier Acheteurs	Coutumier non-monétaire Vendeurs	Coutumier non-monétaire Acheteurs
Agriculteur	56	4	0	4	84	9	97	77
Activité dans le secteur privé	13	43	0	38	5	41	0	14
Activité dans le secteur public	14	26	94	27	1	31	2	6
Coxer	16	1	0	2	4	2	1	0
Inconnue	1	26	6	29	5	17	0	3
Total	100	100	100	100	100	100	100	100

Source: Enquête des auteurs, 2012.

L'enquête met aussi en évidence combien les femmes sont peu engagées dans les transferts fonciers. Elles ne représentent que 18% des acheteurs de parcelles à usage résidentiel sur le marché non coutumier, 15% des bénéficiaires d'attributions publiques, 13% des acheteurs de terres coutumières et 8% de ceux qui ont reçu de la terre coutumière selon la tradition. Ceci semble indiquer que les femmes ont très peu accès à la terre coutumière et seulement, marginalement, davantage via les transferts publics et le marché non coutumier. La part des femmes est encore plus faible pour les terres agricoles où elle n'est que de 5 à 6% selon le type de transfert.

Un autre résultat intéressant de l'enquête concerne le lieu de résidence des acheteurs : plus de 60% des transactions monétaires coutumières ou non et des allocations publiques portant sur des parcelles situées à l'extérieur du district de Bamako sont faites par des individus qui résident à l'intérieur même du district. 70% de ces parcelles sont à usage résidentiel mais seules 25% d'entre elles ont été bâties depuis leur achat, ce qui suggère qu'une partie importante d'entre elles est détenue à des fins spéculatives. Très peu d'acheteurs engagés dans des transferts coutumiers non monétisés résident dans le district de Bamako ; 72% d'entre eux habitent la commune où a été achetée la terre, ce qui est cohérent avec le fait que ces acheteurs sont vraisemblablement de petits paysans qui ont obtenu le droit d'utiliser la terre moyennant une contrepartie symbolique. Quant aux Maliens de l'extérieur, ils achètent surtout sur le marché non coutumier où ils représentent 7% des acheteurs.

Les types de tenure au moment du transfert

Quant à la tenure des parcelles au moment du transfert, on voit, dans le tableau 5.3 (colonne « Toutes parcelles »), que la majorité (53%) des parcelles transférées étaient dotées un document administratif (bulletin, lettre de convocation, lettre de notification ou lettre d'attribution ; pour les définitions de ces documents et les conditions de leur obtention, voir le tableau 3.1)[5] qui est le plus souvent délivré à l'occasion d'une opération de régularisation (voir la filière publique et parapublique dans le chapitre 3) et donne le droit de demander un titre précaire (droit d'usage temporaire, sous différentes formes de concession et permis d'occuper). 13% avaient un titre précaire et 5% seulement un titre de propriété alors que l'absence de tout document touchait 29% des parcelles.

Il est également intéressant de noter que la majorité des parcelles à usage résidentiel était dotée, au moment de la transaction, d'un document administratif (62% des cas). La part des parcelles résidentielles sans aucun document administratif n'était que de 16% tandis que la part de celles avec un titre précaire (permis d'occuper, concessions urbaines ou rurales à usage d'habitation) ou de propriété était de 21% (15% et 6% respectivement).

L'absence de toute forme de document est plus marquée pour les terres à usage agricole (qui représentent moins d'un tiers de l'échantillon). Au moment de la transaction, seules 10% des parcelles étaient détenues avec un titre précaire ou de propriété (respectivement 8% et 2%) ; 30% avec un document administratif et 60% sans aucun document administratif.[6]

Quand on regarde à la fois le type de transfert au moment où il a eu lieu et le statut de la tenure pour toutes les parcelles (tableau 5.4), il apparaît que la majorité des parcelles achetées sur le marché non coutumier était dotée d'un document administratif (51%) qui ne peut être délivré que par une autorité publique (communes et préfets) et dont l'objectif est en principe de régulariser

Tableau 5.3 Statut de la tenure au moment du transfert selon l'usage de la parcelle
(en %)

Statut de la tenure	Toutes parcelles (1,655 obs.)	Parcelles résidentielles (1,104 obs.)	Parcelles agricoles (463 obs.)
Aucun document administratif	29.1	16.1	60.0
Document administratif	53.0	62.5	30.2
Titre précaire	12.7	15.6	7.6
Titre de propriété	5.0	5.7	2.2
Inconnu	0.1	0.1	0.0
Total	100	100	100

Source: Enquête des auteurs, 2012.

Tableau 5.4 Statut de la tenure et type de transfert au moment du transfert

Statut de la tenure	Type de transfert				
	Marché non coutumier	Public	Marché coutumier	Coutumier non monétaire	Total
Aucun document administratif	0.0	0.0	19.8	9.3	29.1
Document administratif	51.4	1.6	0.0	0.0	53.0
Titre précaire	11.8	1.0	0.0	0.0	12.7
Titre de propriété	4.4	0.6	0.0	0.0	5.0
Inconnu	0.1	0.0	0.0	0.0	0.1
Total	67.7	3.1	19.8	9.3	100.0

Source: Enquête des auteurs, 2012.

l'occupation des parcelles.[7] Seules 3% des parcelles de l'échantillon ont été directement obtenues par transfert public. Il est donc possible de supposer qu'un grand nombre de personnes dont le statut de la parcelle a été régularisé n'ont pas conservé leur parcelle et l'ont vendue sur le marché non coutumier informel (voir figure 4.2). Ceci indique que la filière coutumière et le marché non coutumier informel jouent un rôle essentiel dans l'offre de terres et se substituent à l'attribution directe de terres publiques, ces dernières étant épuisées ou gelées au moment de l'enquête. 29% des transferts (monétaires ou non) ont porté sur des terrains coutumiers sans aucun document administratif alors que 16% des parcelles achetées sur le marché non coutumier avaient un titre au moment du transfert (12% un titre précaire et 4% un titre de propriété). La tendance à la formalisation est ainsi plus forte pour les parcelles vendues sur le marché non coutumier que pour les parcelles coutumières transférées, elles, de manière totalement informelle.

Les différents types de tenure avaient, au moment du transfert, des localisations dans l'espace qui reflètent en partie la stratification spatiale des différents types de transferts. Comme on peut le voir dans le tableau 5.5 ci-dessous, les statuts de la tenure les plus sûrs et les plus formels sont situés plus près du centre de Bamako : la distance moyenne pour les parcelles avec un titre de propriété de l'échantillon est de 16 km par rapport au centre-ville alors qu'elle est de 33 km pour celles qui ne sont dotées d'aucun document administratif. Les parcelles avec une tenure intermédiaire (documents administratifs et titres précaires) ont une localisation intermédiaire. Ceci s'applique aussi bien à l'échantillon tout entier qu'aux sous-échantillons de parcelles à usage résidentiel et de parcelles agricoles. Un ensemble d'éléments, à la fois économiques et historiques, peut expliquer la localisation des tenures les plus formelles, plus proches en moyenne du centre-ville.[8] Une des explications viendrait de ce que les individus les plus riches, qui ont les moyens financiers et les réseaux sociaux nécessaires pour améliorer

Tableau 5.5 Distance médiane au centre-ville (en km) selon le statut de la tenure au moment du transfert

	Distance médiane au centre-ville		
Statut de la tenure	Toutes parcelles	Parcelles résidentielles	Parcelles agricoles
Aucun document administratif	33	23	38
Document administratif	22	21	29
Titre précaire	18	17	21
Titre de propriété	16	13	23

Source: Enquête des auteurs, 2012.

le statut de la tenure de leur parcelle, préfèrent résider près du centre-ville. D'autre part, l'incitation à avoir une parcelle avec une tenure formelle est plus grande dans le centre-ville : la proximité du centre accroît la valeur de la terre si bien que ceux de ses habitants qui n'ont pas de droits formels sont exposés à un risque plus grand de conflit et d'éviction du fait de la pression du marché. Une troisième explication pourrait venir de ce que les lotissements autorisés, où les parcelles sont vendues avec un titre de propriété, sont situés près du centre-ville, ce qui entraîne mécaniquement à la hausse la part des parcelles ayant une tenure formelle. Enfin, les parcelles proches du centre-ville sont à usage résidentiel depuis plus longtemps et les régularisations successives se sont faites progressivement en s'éloignant toujours plus du centre-ville.

La stratification spatiale des tenures n'est bien sûr pas systématique et différentes situations peuvent être observées dans un même voisinage. La figure 5.2 ci-dessous représente la part de chaque type de tenure, au moment de l'enquête, pour différentes tranches de distance par rapport au centre de Bamako. Au fur et à mesure que l'on s'éloigne du centre, la part des tenures les plus formelles (titres précaires et titres de propriété) diminue au profit des tenures moins formelles (documents administratifs au mieux). Le degré de formalité diminue au fur et à mesure qu'augmente la distance au centre-ville ; il n'y a, d'ailleurs, dans l'échantillon, aucune parcelle avec un titre de propriété à plus de 24 km de Bamako et aucune avec un titre précaire à plus de 32 km. La part des parcelles avec un document administratif n'est plus que d'un tiers à 40 km et plus de Bamako.

Les changements de statut de la tenure

Un autre enseignement ressort de l'enquête : la tenure peut évoluer entre la date du transfert et celle de l'enquête (sur une période de trois ans au plus). Le tableau 5.6 ci-dessous présente les changements de tenure pour toutes

Figure 5.2 Tenure selon la distance au centre-ville

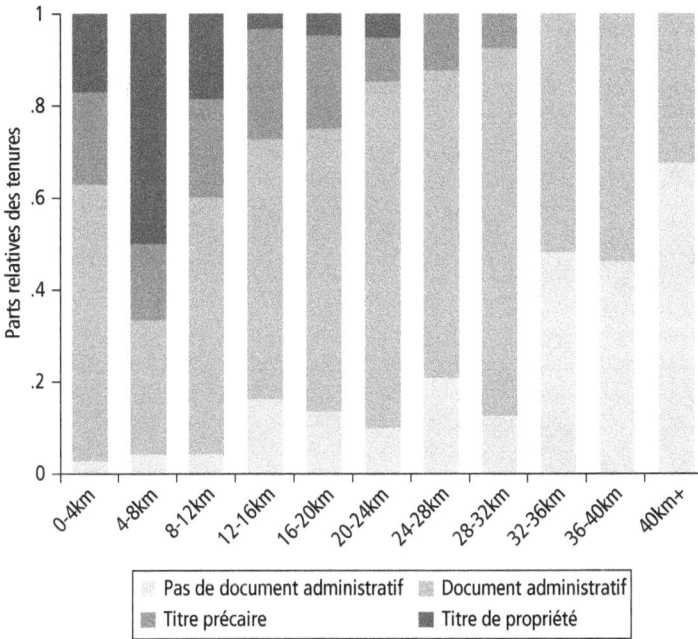

Source: Enquête des auteurs, 2012.

les parcelles de l'échantillon depuis la date du transfert.[9] Il apparaît que 25% environ des parcelles ont changé de tenure depuis leur transfert. La plupart des changements se produisent aux deux extrémités de la typologie. 45% des parcelles ayant changé de tenure ont obtenu, après changement, un document administratif, 47% un titre précaire et 8% un titre de propriété.

Le type de changement observé varie selon le type de transfert (calculs hors tableau). Par exemple, 91% des terrains coutumiers obtenus sans échange monétaire sont restés coutumiers (le transfert impliquant vraisemblablement l'attribution d'un droit d'utiliser la parcelle comme terre agricole et non celui de la posséder). Le pourcentage baisse pour atteindre 21% pour les terres coutumières achetées. L'activité du détenteur de la parcelle paraît avoir également une influence puisque les agents de l'État et les négociants semblent avoir eu un avantage pour l'achat d'une parcelle et la transformation de la tenure. Ainsi 35% de ceux qui ont obtenu un titre précaire sur une terre achetée à un coutumier étaient des agents de l'État. 42% de ceux qui ont acheté une terre coutumière et ont ensuite obtenu un titre de propriété étaient des négociants (25% des agents de l'Etat ou des militaires).

Tableau 5.6 Matrice des changements de tenure – toutes parcelles
(en %)

Tenure au moment de l'enquête Tenure au moment du transfert	Pas de document administratif	Document administratif	Titre précaire	Titre de propriété	Inconnu	Total
Pas de document administratif	13.4	11.1	3.5	0.7	0.4	29.1
Document administratif	0.0	44.4	8.0	0.5	0.0	53.0
Titre précaire	0.0	0.0	12.0	0.7	0.1	12.7
Titre de propriété	0.0	0.0	0.0	5.0	0.0	5.0
Inconnu	0.0	0.0	0.0	0.0	0.1	0.1
Total	13.4	55.5	23.5	7.0	0.5	100.0

Source: Enquête des auteurs, 2012.

Tableau 5.7 Matrice des changements de tenure – parcelles résidentielles
(en %)

Tenure au moment de l'enquête Tenure au moment du transfert	Pas de document administratif	Document administratif	Titre précaire	Titre de propriété	Inconnu	Total
Pas de document administratif	7.6	7.0	1.0	0.2	0.4	16.1
Document administratif	0.0	54.0	8.1	0.5	0.0	62.5
Titre précaire	0.0	0.0	14.9	0.5	0.1	15.6
Titre de propriété	0.0	0.0	0.0	5.7	0.0	5.7
Inconnu	0.0	0.0	0.0	0.0	0.1	0.1
Total	7.6	61.0	24.0	6.9	0.5	100.0

Source: Enquête des auteurs, 2012.

Le tableau 5.7 représente les changements de tenure pour le sous-échantillon des parcelles à usage résidentiel. Les transformations observées sont très proches de celles de l'ensemble de l'échantillon et confirment le fait que le processus d'amélioration de la tenure s'arrête très souvent avant l'obtention d'un titre de propriété.[10]

Les changements de tenure ne semblent pas se concentrer sur des zones en particulier.

Tenure et prix de la terre

Les données collectées sur les prix (à la fois au moment du transfert et au moment de l'enquête) des parcelles achetées sur le marché ou attribuées par les pouvoirs publics permettent d'étudier les déterminants du prix du sol à Bamako. L'objectif principal est de mesurer la contribution de la tenure et de la localisation spatiale aux différences de prix. En théorie, les prix sont supposés liés aux caractéristiques physiques de la parcelle, sa dimension, sa localisation (son accessibilité par rapport au centre-ville), la disponibilité des services (eau, électricité), tout comme à sa tenure (la sécurité et les droits, tels que la transférabilité, associés à chaque catégorie de tenure). Une analyse hédonique a été utilisée pour savoir comment les prix étaient corrélés à la tenure et à la localisation, en contrôlant l'effet des autres caractéristiques. Cela a été fait pour tous les transferts ayant donné lieu à la formation d'un "prix", ce qui a conduit à exclure les modes d'accès non monétaires et à traiter les attributions publiques comme des transactions sur le marché foncier.[11] Pour écarter d'éventuelles valeurs aberrantes, les observations portant sur les parcelles dont le prix par mètre carré appartenait aux catégories des 1% les plus élevés et des 1% les plus bas ont été sorties de l'échantillon. L'équation estimée est de la forme :

$$\text{Log}\,(p_i) = \alpha\,d_i + \beta\,t_i + \gamma\,d_i \times t_i + \sum_j w_j X_i^j + \varepsilon_i$$

Dans cette équation, p_i est le prix au mètre carré d'une parcelle i (qui peut être soit le prix payé au moment du transfert, soit le prix estimé au moment de l'enquête), t_i est un ensemble de variables muettes décrivant la tenure de la parcelle, d_i est la distance euclidienne au centre de Bamako. Les X_i^j sont différents régresseurs présents dans la base de données tels que la distance à la route goudronnée la plus proche, la surface de la parcelle, son éventuel équipement (eau, électricité) et la rive du fleuve sur laquelle elle est située. La surface de la parcelle (même si la variable expliquée est le prix au mètre carré) a été incluse de manière à prendre en compte d'éventuels effets non linéaires.

Les coefficients de la régression sont estimés par Moindres Carrées Ordinaires.[12] Les résultats sont présentés dans le tableau 5.8 ci-dessous pour quatre spécifications différentes. Les spécifications (1) et (2) utilisent comme variable expliquée le prix au moment du transfert alors que les spécifications (3) et (4) utilisent le prix estimé au moment de l'enquête.[13] Les spécifications (1) et (3) excluent le terme d'interaction entre la distance et la catégorie de tenure alors que les spécifications (2) et (4) l'incluent. L'inclusion de ce terme peut rendre compte de différents gradients de prix selon la catégorie de la tenure. Toutes les spécifications incluent une variable muette pour les parcelles à usage agricole (par opposition aux terres à usage résidentiel).

Tableau 5.8 Régressions du prix de la terre (tous usages)

	Régression utilisant le prix de transfert		Régression avec le prix courant estimé	
	(1)	**(2)**	**(3)**	**(4)**
Usage agricole	-0.422***	-0.400***	-0.476***	-0.458***
	(0.101)	(0.101)	(0.096)	(0.095)
Distance au centre de Bamako (km)	-0.069***	-0.068***	-0.068***	-0.101***
	(0.004)	(0.007)	(0.004)	(0.012)
Document administratif	0.071	-0.052	-0.034	-1.054***
	(0.066)	(0.199)	(0.087)	(0.304)
Titre précaire	0.672***	1.458***	0.215**	-0.124
	(0.085)	(0.256)	(0.093)	(0.319)
Titre de propriété	1.912***	1.842***	1.346***	0.880**
	(0.127)	(0.331)	(0.121)	(0.351)
Distance × document administratif		0.006		0.045***
		(0.008)		(0.013)
Distance × titre précaire		-0.044***		0.011
		(0.012)		(0.013)
Distance × titre de propriété		0.005		0.017
		(0.018)		(0.016)
Surface (en log)	-0.422***	-0.428***	-0.423***	-0.421***
	(0.026)	(0.025)	(0.024)	(0.024)
Rive Sud du fleuve	0.793***	0.782***	0.742***	0.722***
	(0.50)	(0.050)	(0.046)	(0.046)
Distance à une route goudronnée (km)	-0.077***	-0.077***	-0.086***	-0.084***
	(0.005)	(0.005)	(0.005)	(0.004)
Accès à l'eau	0.662***	0.649***	0.762***	0.707***
	(0.139)	(0.139)	(0.134)	(0.134)
Accès à l'électricité	0.092	0.165	-0.050	-0.014
	(0.310)	(0.308)	(0.303)	(0.300)
Terrain vendu en 2010	0.210***	0.199***		
	(0.062)	(0.062)		
Terrain vendu en 2011	0.282***	0.282***		
	(0.063)	(0.062)		
Terrain vendu en 2012	0.295***	0.290***		
	(0.103)	(0.103)		
Obs.	1,239	1,239	1,289	1,289
R²	0.79	0.79	0.79	0.80

Notes: Régressions MCO sur un échantillon groupant les parcelles à usage agricole et résidentiel, en excluant les 1% des prix les plus élevés et les plus bas. Pour (1) et (2), les variables de tenure sont à la date du transfert en (3) et (4), au moment de l'enquête. Constante non reportée.
*** : significatif à 1%, ** à 5% et * à 10%.

Les résultats sont cohérents pour les différentes spécifications. Le marché foncier à Bamako présente toutes les caractéristiques que l'on peut attendre d'un marché foncier : les prix baissent avec la distance par rapport au centre-ville et aux infrastructures routières et augmentent quand les parcelles sont équipées. Les parcelles à usage résidentiel sont valorisées par rapport à celles qui sont à usage agricole. Les parcelles dotées de titres précaires ou de propriété sont en moyenne plus chères que celles qui ont une tenure offrant moins de sécurité. Sauf pour la régression (4), le prix d'une parcelle vendue avec un simple document administratif ne diffère pas de manière significative de celui des parcelles qui n'en ont pas du tout ; cela suggère que le document administratif n'a pas une grande valeur.[14] Pour toutes les spécifications, les parcelles dotées d'un titre de propriété valent 1,4 à 5,7 fois plus qu'une parcelle semblable sans titre de propriété, ce qui témoigne de la grande valeur accordée à la formalité/sécurité de la tenure et à la transférabilité de la terre.

Pour voir si les caractéristiques sont valorisées différemment selon l'usage résidentiel ou agricole des parcelles, les mêmes régressions ont été estimées pour le seul sous-échantillon des parcelles résidentielles. Les résultats, présentés dans le tableau 5.9, sont très proches à la fois quantitativement et qualitativement des précédents.

Les régressions (1) et (2) du tableau 5.9, qui utilisent les prix au moment du transfert permettent d'estimer approximativement le taux de croissance des prix des parcelles à usage résidentiel. Il est important de souligner que ces estimations, faites à partir des données de l'enquête, ne peuvent être que très grossières et vraisemblablement sous-estimer le taux d'accroissement des prix. Les enquêtés, par exemple, tendent à sous-estimer le prix payé pour les transferts récents : les acheteurs comme les vendeurs peuvent vouloir minimiser les prix déclarés par peur de devoir payer des impôts et peuvent résister aux pressions de parents ou de personnes qui revendiqueraient des droits sur la même parcelle.[15] Selon les données, les prix auraient augmenté de 40% environ sur la période couverte par l'étude, ce qui correspond à une hausse de 16% par an.[16] Si l'on s'en tient aux parcelles à usage résidentiel dotées d'un titre de propriété, la hausse annuelle est d'environ 20%. En tout état de cause, les hausses du prix de la terre ont été supérieures au taux d'accroissement nominal du PIB par tête (+2,6% en 2010 et +0,35% en 2011) et ont atteint environ dix fois le niveau du taux d'inflation officiel (l'indice des prix à la consommation a augmenté de 2% par an entre 2008 et 2011). Etant donné le ratio élevé entre prix fonciers et revenus des ménages, ces hausses indiquent que les possibilités d'accéder à la terre ont diminué.

Un résultat important de l'analyse est la mise en évidence du gradient négatif des prix de la terre pour Bamako et les zones environnantes. La figure 5.3., qui concerne les seules parcelles à usage résidentiel et les prix au moment du transfert, montre ce gradient obtenu par une régression hédonique des prix comportant les mêmes variables explicatives que dans la

Tableau 5.9 Régressions du prix de la terre (usage résidentiel)

	Régression avec le prix de transfert		Régression avec le prix courant estimé	
	(1)	(2)	(3)	(4)
Distance au centre de Bamako (km)	-0.072***	-0.055***	-0.068***	-0.105***
	(0.004)	(0.10)	(0.004)	(0.015)
Document administratif	-0.038	0.213	-0.178**	-1.205***
	(0.079)	(0.241)	(0.094)	(0.338)
Titre précaire	0.598***	1.840***	0.139	0.044
	(0.098)	(0.297)	(0.101)	(0.363)
Titre de propriété	1.727***	2.087***	1.295***	0.507
	(0.138)	(0.348)	(0.130)	(0.383)
Distance × document administratif		-0.011		0.049***
		(0.011)		(0.016)
Distance × titre précaire		-0.070***		-0.003
		(0.015)		(0.018)
Distance × titre de propriété		-0.017		0.038**
		(0.020)		(0.020)
Surface (en log)	-0.445***	-0.459***	-0.419***	-0.425***
	(0.036)	(0.035)	(0.033)	(0.032)
Rive Sud du fleuve	0.794***	0.787***	0.823***	0.799***
	(0.056)	(0.057)	(0.050)	(0.051)
Distance à la route goudronnée (km)	-0.074***	-0.075***	-0.078***	-0.077***
	(0.006)	(0.006)	(0.005)	(0.005)
Accès à l'eau	0.587***	0.608***	0.655***	0.612***
	(0.152)	(0.150)	(0.141)	(0.140)
Accès à l'électricité	0.135	0.153	0.059	0.017
	(0.362)	(0.361)	(0.338)	(0.335)
Terrain vendu en 2010	0.265***	0.235***		
	(0.071)	(0.071)		
Terrain vendu en 2011	0.297***	0.289***		
	(0.069)	(0.069)		
Terrain vendu en 2012	0.406***	0.381***		
	(0.112)	(0.112)		
Obs.	991	991	1,016	1,016
R^2	0.63	0.64	0.64	0.65

Notes: Régressions MCO pour les parcelles résidentielles uniquement, en excluant les 1% des prix les plus élevés et les plus bas et les parcelles situées à plus de 40 km du centre de Bamako. Pour (1) et (2), les variables de tenure sont à la date du transfert, en (3) et (4), au moment de l'enquête. Constante non reporté.
*** : significatif à 1%, ** à 5% et * à 10%.

spécification (1) du tableau 9, mais excluant la variable distance. Les valeurs résiduelles de cette estimation en fonction de la distance au centre-ville (figure 5.3) permettent de représenter par un graphique simple la contribution qu'apporte au prix la proximité au centre-ville, en retirant les effets des autres variables. La pente négative confirme que la valeur de la terre est plus élevée à proximité du centre-ville et que l'influence de Bamako s'exerce sur toute la zone étudiée.

Figure 5.3 Gradient des prix de la terre (seul usage résidentiel)

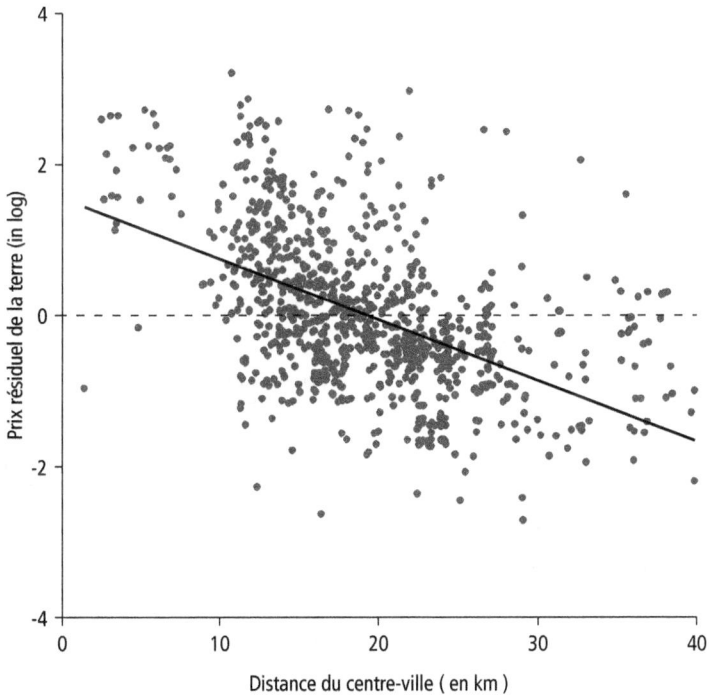

Source: Enquête des auteurs, 2012.

Annexe 5A Questionnaire (version modifiée)

ETUDE SUR LES COÛTS D'ACCÈS AU FONCIER DANS LES ZONES URBAINES,
PÉRIURBAINES ET L'HINTERLAND RURAL DE BAMAKO

ENQUETE SUR LES TERRAINS

NE SONT CONCERNÉS PAR L'ENQUÊTE QUE LES TERRAINS QUI ONT FAIT L'OBJET D'UN TRANSFERT
APRÈS LE 1ER JANVIER 2009

IDENTIFICATION

ZONE D'ENQUÊTE: ☐ 1. Urbain   ☐ 2. Peri-urbain   ☐ 3. Hinterland rural

COMMUNE: _____

QUARTIER: _____

SECTEUR: _____

VILLAGE: _____

SURFACE DU TERRAIN SELON LA SOURCE: _____

UNITÉ DE MESURE: ☐ 1. Hectares ☐ 2. Ares   ☐ 3. Mètres Carrés

SURFACE DU TERRAIN SELON L'ENQUÊTEUR: _____

UNITÉ DE MESURE: ☐ 1. Hectares ☐ 2. Ares   ☐ 3. Mètres Carrés

LATITUDE DU TERRAIN: N   /_/_/   /_/_/_/_/_/

LONGITUDE: W   /_/_/   /_/_/_/_/_/

UTILISATION DU SOL AU MOMENT DE L'ENQUÊTE:

☐ 1. Terrain résidentiel ou à vocation résidentielle

☐ 2. Terrain à vocation agricole

☐ 3. Autre

DISTANCE DU GOUDRON: _____

UNITÉ: ☐ 1. Kilomètres ☐ 2. Mètres

DISTANCE DU FLEUVE: ☐ 1. 100 mètres ou moins

☐ 2. Plus de 100 mètres et moins de 500

☐ 3. 500 mètres et plus

DATE DE L'ENQUÊTE:

JOUR: /_/_/

MOIS: /_/_/

ANNÉE: /_/_/_/_/

INITIALES DE
L'ENQUÊT: /_/_/

PRINCIPAUX
INFORMATEURS/
SOURCE(S) (PLUSIEURS
RÉPONSES POSSIBLES):

☐ 1. Habitant du quartier/ village

☐ 2. Chef coutumier/ chef de village

☐ 3. Coxer, informateur or autre intermédiaire

☐ 4. Acheteur ou attributaire résidant sur le terrain

☐ 5. Acheteur ou attributaire ne résidant sur le terrain

☐ 6. Résident sur le terrain (autre que l'acheteur ou l'attributaire)

☐ 7. Vendeur du terrain

☐ 8. Maire ou élu de la commune

☐ 9. Services techniques de l'État

☐ 10. Autres (Spécifer): _____

COMMENTAIRES DE L'ENQUÊTEUR (A REMPLIR À LA FIN DE L'NTRETIEN):

_____

_____

REMARQUE : L'ENQUÊTE COUVRE LES TERRAINS QUI ONT FAIT L'OBJET D'UN TRANSFERT, C'EST À DIRE D'UNE VENTE, D'UN DON OU D'UNE ATTRIBUTION

DATE DU TRANSFERT (ACHAT, ATTRIBUTION, DON) DU TERRAIN

	Question	Catégories	Réponse
Q01	Quand le terrain a-t-il été acheté/attribué/reçu	Mois: 1 à 12 Années: 09, 10, 11 or 12 99: Ne sait pas	Mois /_/_/ Année /_/_/

CESSION (ACHAT, ATTRIBUTION, DON) DU TERRAIN

	Question	Catégories	Réponse
Q02	Qui a acheté/obtenu le terrain?	1. Homme 2. Femme 3. Conjointement homme et femme 4. Autres membres d'une même famille 5. Association ou coopérative 6. Société privée 7. Organisme public 8. Autre(s). Spécifier: _____ 9. Ne sait pas	/_/
Q03	Le terrain a-t-il été obtenu dans le cadre d'un recasement?	1. Oui 2. Non 9. Ne sait pas	/_/

Q04	Quel(le) est la profession/le statut de la personne qui a acheté/obtenu le terrain?	10. Exploitant agricole
		20. Commerçant
		30. Employé du secteur privé
		40. Profession libérale
		50. Promoteur foncier/Lotisseur informel/coxer
		60. Agent de l'administration publique
		   61. Des services de l'Etat
		   62. Des collectivités territoriales
		70. Agents des services de sécurité et de défense
		80. Élu/responsable politique
		   81. Au niveau national
		   82. Au niveau local
		90. Autre/Sans profession. Spécifier: _____
		
		99. Ne sait pas
			/_/_/

Q05	Où réside la personne qui a acheté/reçu/obtenu le terrain	10. Dans la même commune
		   11. Sur le terrain enquêté
		   12. Sur un autre terrain
		20. Dans une autre commune du district de Bamako
		30. Dans une autre commune du cercle de Kati
		40. Dans une autre ville ou région du Mali
		50. A l'étranger
		60. Autre. Spécifier: _____
		
		99. Ne sait pas
			/_/_/

TRANSFERT (VENTE, DON, ATTRIBUTION)

	Question	Catégories	Réponse

Q06	Le terrain a été vendu/ donné/ attribué par:	10. Une personne
		   11. "Propiétaire" coutumier
		   12. "Propiétaire" non coutumier
		20. Promoteur immobilier et lotisseur formel
		   21. Agence parapublique (ACI)
		   22. Promoteur et lotisseur du secteur privé
		30. L'Etat
		   31. Gouverneur
		   32. Préfet
		   33. Souspréfet
		   34. Conseil des Ministres
		40. Commune
		   41. Dans le cadre d'un recasement
		   42. Dans le cadre d'une opération de lotissement hors recasement
		50. Autre. Spécifier: _____
		
		99. Ne sait pas
			/_/_/

Q07	La personne qui a vendu/donné la terre était:	1. Un homme 2. Une femme 3. Un homme et une femme conjointement 4. Autres membres d'une même famille 9. Ne sait pas	/_/

Q08	Au moment du transfert, quel(le) était la profession/ statut de la personne qui a vendu/donné/ le terrain?	10. Exploitant agricole
		20. Commerçant
		30. Employé du secteur privé
		40. Profession libérale
		50. Promoteur foncier/Lotisseur informel/coxer
		60. Agent de l'administration publique
		    61. Des services de l'Etat
		    62. Des collectivités territoriales
		70. Agents des services de sécurité et de défense
		80. Élu/responsable politique
		    81. Au niveau national
		    82. Au niveau local
		90. Autre/Sans profession. Spécifier: _____
		99. Ne sait pas
			/_/_/

Q09	Au moment du transfert, où résidait la personne qui a vendu/donné le terrain?	10. Dans la même commune 20. Dans une autre commune du district de Bamako 30. Dans une autre commune du cercle de Kati 40. Dans une autre ville ou région du Mali 50. A l'étranger 60. Autre. Spécifier: _____ 99. Ne sait pas	/_/
Q10	La personne qui a transféré le terrain l'a-t-elle fait dans le cadre d'un recasement?	1. Oui 2. Non 9. Ne sait pas	/_/

DOCUMENTS ET STATUT JURIDIQUE DU TERRAIN

	Question	Catégories	Réponse

Q11	Quel était le statut juridique du terrain au moment du transfert?	10. Terre coutumière
		20. Lettre de convocation/bulletin
		30. Lettre d'attribution
		40. Titre précaire
		    41. CUH
		    42. CRUH
		    43. CR
		    44. Permis d'occuper
		50. Bail emphytéotique
		60. Titre foncier
		99. Ne sait pas
			/_/_/

Q12	Quel est le statut juridique du terrain à la date de l'enquête?	10. Terre coutumière
		20. Lettre de convocation/bulletin
		30. Lettre d'attribution
		40. Titre précaire
		    41. CUH
		    42. CRUH
		    43. CR
		    44. Permis d'occuper
		50. Bail emphytéotique
		60. Titre foncier
		99. Ne sait pas
			/_/_/

| Q13 | Quels documents attestent du transfert? | 10. Pas de document
　11. Transfert coutumier
　12. Transfert non coutumier
20. Attestation de vente authentifiée
　21. Transfert coutumier
　22. Transfert non coutumier
30. Attestation de vente non authentifiée
　31. Transfert coutumier
　32. Transfert non coutumier
40. Acte notarié
99. Ne sait pas | /_/_/

/_/_/

/_/_/ |

PRIX DU TERRAIN

	Question	Catégories	Réponse
Q14	Combien le terrain a-t-il été payé?		CFA _____
Q15	Combien le terrain coûterait il au moment de l'enquête (selon l'informateur)?		CFA _____

EQUIPEMENT ET MISE EN VALEUR DU TERRAIN

	Question	Catégories	Réponse
Q16	Au moment du transfert, le terrain avait-il de l'eau?	10. Oui 　11. Branchement au réseau 　12. Puits 　13. Autre 20. Non 99. Ne sait pas	/_/_/
Q17	Au moment du transfert, le terrain avait-il l'électricité?	10. Oui 　11. Connection directe au réseau EDM 　12. Connection indirecte au réseau EDM 　13. Générateur 　14. Panneau solaire 　15. Autre 20. Non 99. Ne sait pas	/_/_/
Q18	Depuis le transfert, le terrain a-t-il obtenu l'eau?	10. Oui 　11. Branchement au réseau 　12. Puits 　13. Autre 20. Non 99. Ne sait pas	/_/_/
Q19	Depuis le transfert, le terrain a-t-il eu accès à l'électricité?	10. Oui 　11. Connection directe au réseau EDM 　12. Connection indirecte au réseau EDM 　13. Générateur 　14. Panneau solaire 　15. Autre 20. Non 99. Ne sait pas	/_/_/
Q20	Depuis le transfert, le terrain a-t-il fait l'objet d'un investissement/d'une mise en valeur? (Plusieurs réponses possibles, 3 maximum).	10. Oui 　11. Investissement agricole 　12. Construction en matériau durable 　13. Clôture en matériau durable 　14. Puits 　15. Autre 20. Non 99. Ne sait pas	/_/_/ /_/_/ /_/_/

Notes

1. Il s'agit des communes suivantes, le nombre d'observations étant entre parenthèses : Baguineda (255), commune I de Bamako (2), commune IV de Bamako (5), commune V de Bamako (35), commune VI de Bamako (30), Bancoumana (28), Bougoula (28), Diago (68), Dialakoroba (39), Dialakorodji (45), Dio Gare (30), Doubabougou (81), Kalabancoro (99), Kambila (51), Kati (26), Mandé (141), Meguetan (17), Moribabougou (46), Mountougoula (148), N'gabacoro-Droit (92), Ouelessebougou (61), Safo (172), Sanankoroba (88), Sangarebougou (21), Siby (23), Tiele (6), et Tienfala (18). Quatre de ces communes sont situées dans le district de Bamako, 21 dans le cercle de Kati, et 2 dans le cercle de Koulikoro.
2. L'attribution de terrains publics a ainsi joué un rôle important dans le passé. Ce rôle s'est affaibli avec l'épuisement des réserves foncières.
3. Les différences de mise en valeur et de pouvoir de négociation des vendeurs et acheteurs pourraient également contribuer à la différence de prix. Il peut sembler surprenant que, dans le tableau 5.1, le prix soit plus élevé pour une terre publique que pour une terre achetée sur le marché non coutumier. Pour comprendre un tel résultat, il faut se rappeler que les valeurs brutes que nous reportons ne prennent pas en considération les différentes caractéristiques des terrains telles que leur localisation (pour une analyse fine des déterminants du prix de la terre, voir les régressions à la fin de cette section), et que les prix/valeurs médianes peuvent être sensibles au biais de petit échantillon (il n'y a que 9 observations pour la terre publique à usage agricole). D'autre part, il n'est pas évident que les personnes ayant répondu au questionnaire aient fait la différence entre une allocation publique et une transaction sur une terre coutumière pour laquelle a été obtenu, peu après, un titre précaire auprès d'une autorité publique.
4. Il faut noter que notre questionnaire n'a pas permis de distinguer de manière suffisamment nette vendeurs et intermédiaires. Certains coxers qui apparaissent dans les réponses à l'enquête comme vendeurs de terre coutumière ne font, en réalité, que faciliter les transactions. D'autres, qui se présentent comme vendeurs sur le marché non-coutumier, achètent aussi de la terre agricole coutumière qu'ils subdivisent en parcelles à usage résidentiel avant de les revendre. Une confusion peut également exister dans les réponses entre la profession du vendeur et la fonction de la personne qui a établi un titre ou un document administratif pour la parcelle.
5. Il a été difficile de faire la distinction, dans les données recueillies, entre lettre d'attribution et lettre de notification (voir les notes en bas du tableau 3.1 qui détaille les raisons de cette ambiguïté). Pour l'analyse, il a été décidé de traiter de la même manière lettres d'attribution et lettres de notification et de les considérer comme des documents administratifs.
6. 50% environ des détenteurs de terres agricoles qui n'avaient aucun document administratif au moment du transfert détenaient une attestation de vente authentifiée par la mairie (Voir annexe 4.1).
7. La parcelle vendue avec un document administratif sur le marché non coutumier peut être soit d'origine publique puis vendue illégalement, soit d'origine coutumière,

son acheteur ayant bénéficié d'une régularisation de la tenure avant de la vendre sur le marché non coutumier (voir chapitre 3 et figures 3.1 et 3.2 pour les procédures, annexe 4.1 pour les différents documents, et figure 4.2).

8. Voir Selod and Tobin (à paraître) pour la construction d'une théorie.

9. Les changements décrits dans le tableau sont vraisemblablement sous-estimés du fait de la censure « à droite » (par définition, les changements survenus après la date de l'enquête ne sont pas connus). De plus, les chiffres agrègent des changements sur des parcelles qui n'ont pas fait l'objet d'un transfert au même moment (moins d'un an à plus de 3 ans).

10. Des explications peuvent être que l'amélioration de la tenure peut prendre plus de temps que celui sur lequel a porté l'enquête (3 années maximum), qu'elle est vraisemblablement trop coûteuse pour beaucoup de ménages ou qu'elle n'est pas souhaitée. Une autre explication possible : les parcelles sur la zone enquêtée n'ont pas fait l'objet d'une opération de régularisation entre la date du transfert et celle de l'enquête.

11. Il est légitime de procéder ainsi. Dans la mesure où aucune indication particulière n'a été donnée aux enquêtés, les prix déclarés incluaient les « paiements sans factures », des agents de l'administration captant à leur profit une partie du différentiel entre les prix administrés et les prix du marché.

12. Comme il n'y a aucun moyen de traiter une possible endogénéité, il ne peut être déduit de lien de causalité de nos résultats qui ne sont interprétés que comme des indications de corrélations.

13. Lorsque le prix au moment du transfert est utilisé, des indicatrices temporelles pour l'année à laquelle la parcelle a été transférée sont introduites dans la spécification. Lorsque le prix estimé au moment de l'enquête est utilisé, les variables relatives à la tenure au moment de l'enquête plutôt qu'au moment du transfert sont prises en compte. Les autres variables sont considérées comme invariantes dans le temps.

14. Le fait que plus de la moitié des parcelles ne soient dotées que d'un document administratif peut ainsi être considéré comme une indication des difficultés des ménages à améliorer la tenure et à obtenir un titre précaire ou un titre de propriété.

15. Les estimations des hausses des prix à partir des données de l'enquête sont également approximatives parce que seule est connue l'année du transfert et non sa date exacte. Il peut aussi y avoir des incohérences sur la déclaration des prix si une fraction des enquêtés ne prend pas en compte les « paiements sans facture ». Enfin, l'échantillon peut ne pas être parfaitement représentatif de l'ensemble du marché foncier de Bamako et de ses environs.

16. La dernière parcelle a été enquêtée en avril 2012 ; une période de 2,3 ans est donc prise en compte pour les calculs.

Documents de référence

Durand-Lasserve, A. 2004. « La question foncière dans les villes du Tiers Monde. Un bilan », *Economies et Sociétés*, 38(7), pp. 1183-1211.

Rakodi, C. et Leduka C. 2004. "Informal Land Delivery Process and Access to Land for the Poor: a comparative study of six African cities". Policy Brief 6, University of Birmingham, Birmingham, UK.

Selod, H. et Tobin L. (2015). "The Informal City. Property Rights and Spatial Sorting", Policy Research Working Paper, World Bank, Washington, DC.

Wehrmann, B. (2008). "The dynamics of peri-urban land markets in sub-Saharan Africa: Adherence to the virtue of common property *Vs*.quest for individual gain", *Erkunde*, 62 (1): pp. 75-88.

Chapitre 6

Conclusion

Plutôt que de proposer de nouvelles mesures juridiques et administratives, l'objectif de cette étude est de présenter un cadre et une méthode qui permettent une analyse systémique des différentes filières d'approvisionnement en terres et du fonctionnement du marché foncier. Cette analyse peut aider les décideurs à évaluer les répercussions sur le marché foncier de mesures portant sur l'une de ses composantes.

L'intérêt de la méthode suivie

L'analyse du système d'approvisionnement en terres pour le logement permet de mieux comprendre le fonctionnement des marchés fonciers dans les zones urbaines et périurbaines de Bamako et son hinterland rural. Ce système est le résultat des interactions entre trois filières d'approvisionnement en terres (qui se différencient par le statut de leur tenure au moment où leur usage est devenu, pour la première fois, essentiellement résidentiel). On peut ainsi identifier une filière publique avec des terres appartenant, à l'origine, au domaine privé de l'Etat ; une filière coutumière avec des terres achetées, par transaction monétaire ou non, aux descendants des premiers occupants qui en revendiquent la propriété et une filière privée formelle qui porte sur des parcelles dotées d'un titre de propriété (TF). Outre la prise en compte du statut de la tenure lors du premier usage résidentiel des terres, chaque filière se caractérise par les possibilités qu'ont les détenteurs de parcelles d'en améliorer la tenure et de les vendre sur le marché foncier. Les liens entre les trois filières sont multiples (voir figure 4.1.). Quelques exemples permettent d'en rendre compte : une opération de lotissement[1]/régularisation fait passer une parcelle de la filière coutumière dans la filière publique ; l'obtention d'un titre de propriété privée par une société de promotion foncière et immobilière sur une terre d'origine coutumière fait entrer celle-ci dans la filière privée formelle. La mise en évidence des filières et de leurs liens, donc du système d'approvisionnement en terres, requiert une étude précise à la fois des procédures légales et des pratiques qui ne s'y conforment généralement pas, concernant, d'une part, les transactions foncières et, d'autre part, les changements de statut de la tenure. Ces informations permettent de dépasser l'opposition souvent faite entre marché formel et marché informel et de mieux tenir compte de la diversité et de la complexité des situations rencontrées dans le choix des politiques visant à améliorer le système d'approvisionnement en terres (figure 4.2).

La prise en compte des interactions entre filières permet aussi de mieux comprendre la nature des conflits fonciers. Ceux-ci peuvent opposer les détenteurs de droits coutumiers, ayant permis l'occupation de leurs terres, à la commune qui a procédé à une opération de lotissement sur celles-ci ; ils peuvent aussi se développer entre les occupants de parcelles achetées à des coutumiers et une société de promotion foncière et immobilière qui dit avoir un TF sur ces parcelles.

L'accès inégal des ménages à la terre pour se loger

L'analyse des filières d'approvisionnement en terres pour le logement donne aussi des indications sur les différences quant aux possibilités des habitants d'accéder à la terre en fonction du statut de leur emploi et de leurs revenus. Les salariés du privé, qui appartiennent à des entreprises formelles, peuvent bénéficier de parcelles par l'intermédiaire de leur entreprise ; les salariés du public peuvent obtenir des parcelles grâce aux coopératives de logements ; les salariés des secteurs public et privé ainsi que les non-salariés ayant des revenus moyens et relativement élevés peuvent accéder à des logements sociaux à des prix abordables ; ceux qui ont des revenus élevés, quel que soit leur statut, peuvent acheter des parcelles à des sociétés de promotion immobilière. Les parcelles auxquelles ont accès ces différentes catégories de ménages relèvent de la filière privée formelle et ont un titre de propriété (TF). Elles ont, à l'origine, été attribuées ou vendues, à des conditions avantageuses, par l'Etat à des sociétés de promotion foncière et immobilière et à des coopératives de logement. Ces ménages ne représentent qu'une petite partie des habitants.

Les autres achètent le plus souvent une parcelle soit directement à des détenteurs de droits coutumiers soit sur le marché coutumier (chapitre 5). Ils peuvent bénéficier, par la suite, d'une opération de lotissement/régularisation et, en principe, obtenir de la commune un document qui leur donne le droit de demander un titre précaire. Pour exercer ce droit, et donc améliorer le statut de la tenure, il faut au minimum payer des frais d'édilité et de viabilisation et s'engager dans des démarches longues et coûteuses ; une fois obtenu, le titre précaire peut n'être pas reconnu si la parcelle se trouve sur un lotissement non autorisé. Tous ces éléments, auxquels s'ajoute la possibilité d'obtenir une somme d'argent, qui est souvent destinée à couvrir les dépenses auxquelles ils ne peuvent faire face avec leurs seuls revenus, conduisent bon nombre des détenteurs de telles parcelles à les vendre bien que cela ne soit pas autorisé. La parcelle peut être également achetée par une personne qui veut en tirer un revenu. Elle ne servira pas forcément à loger le ménage de l'acheteur ; celui-ci peut la louer en totalité ou en partie, en général après l'avoir bâtie, ou encore la conserver en attendant une hausse significative de son prix. La demande spéculative contribue ainsi à la hausse des prix sur le marché foncier.

Il faut noter que le statut de l'emploi n'est pas le seul facteur qui permet d'établir une hiérarchie dans les possibilités d'accéder à la terre : le réseau de relations sociales et politiques des attributaires ou des acheteurs joue un rôle très important.[2]

Les résultats de l'enquête sur les transferts fonciers

Une enquête élaborée à partir de l'analyse du marché foncier, portant sur les transferts fonciers intervenus entre mars 2009 et mars 2012, a été menée sur un territoire correspondant aux zones urbaines et périurbaines de Bamako et à son hinterland rural. Les résultats apportent des éclairages utiles sur le marché foncier.

Les deux tiers des transactions se sont faites sur le marché non coutumier et, sur ce marché, dans les trois quarts des cas, elles ont porté sur des parcelles dotées d'un simple document administratif qui ne peut être accordé que par les pouvoirs publics, notamment lors d'opérations de lotissement/régularisation. Ces dernières opérations ne sont donc pas un obstacle aux transactions puisque un grand nombre de ces parcelles sont ensuite vendues par leur bénéficiaire sur le marché non coutumier.

Les transactions formelles ne concernent qu'un peu plus de 4% de l'ensemble des parcelles si l'on s'en tient aux seules parcelles dotées d'un titre de propriété (TF) ; 16% si l'on ajoute celles pour lesquelles existe un titre précaire (mais l'enquête ne dit pas si les transactions sur les parcelles avec titre précaire ont respecté toutes les conditions légales requises en matière de transfert; voir chapitre 4). Le marché formel semble donc très étroit. Il porte sur des parcelles qui sont plus proches du centre-ville et dont le prix est le plus élevé.

Un quart du total des transactions porte sur des parcelles achetées directement aux détenteurs de droits coutumiers, au début de la filière coutumière. Aucune d'entre elles n'est dotée d'un document administratif au moment de la transaction qui se situe donc dans la partie la plus informelle des marchés fonciers (figure 4.2). Ces parcelles sont plus éloignées du centre-ville et moins chères en moyenne.

L'enquête et les entretiens menés au cours de l'étude montrent, par ailleurs, que les terres coutumières à usage principalement agricole sont progressivement transformées en parcelles résidentielles. Des prêts et des ventes de terres coutumières à usage agricole se maintiennent cependant à une certaine distance du centre-ville. Cela pose la question du transfert de terres des détenteurs de droits coutumiers aux habitants fortunés de Bamako, question qui apparaît dans l'analyse de la filière coutumière.

Une analyse économétrique à partir des données portant sur le prix des terrains permet de confirmer certaines caractéristiques importantes du marché foncier de Bamako et de ses environs. Le gradient des prix avec la distance au centre-ville montre l'existence d'un marché foncier centré sur Bamako qui s'étend jusque dans l'hinterland rural, à la frontière de la zone dans laquelle l'usage des terrains passe de rural à urbain et où ont encore lieu des transferts coutumiers non-monétarisés. La coexistence des diverses tenures sur un même marché se traduit par une valorisation beaucoup plus forte des terrains avec titre foncier, jusqu'à six fois plus chers que des terrains sans titre aux caractéristiques équivalentes. Les titres précaires donnent également lieu à une prime de tenure importante. Ce n'est pas le cas pour les simples documents administratifs, qui ne confèrent pas de droits fonciers, et que possède la majorité des détenteurs de terrains. Ceci suggère que la protection offerte par ces documents est très inférieure à celle que donne un titre et que beaucoup de ménages rencontrent des difficultés pour améliorer la tenure de leur parcelle. L'analyse permet également de confirmer la forte croissance du prix des terrains sur les trois dernières années, très largement supérieure à l'inflation ou à la croissance des revenus, ce qui entraîne indéniablement un accroissement des difficultés des ménages pour accéder à la terre.

Comment la question foncière à Bamako a-t-elle été analysée et traitée jusqu'ici ?

Le rapport synthétique des Etats généraux du foncier (EGF) de 2008-2009 identifie les principaux problèmes et contraintes qui compromettent l'amélioration de la gouvernance foncière au Mali, notamment en matière d'accès à la terre (République du Mali 2010). Quatre questions principales ont été identifiées et débattues dans le rapport synthétique des EGF : l'adaptation de la législation et de la réglementation foncières au contexte institutionnel, socio-politique et économique ; l'harmonisation de la gestion domaniale et foncière avec les politiques sectorielles de développement ; les outils de maîtrise de la gestion foncière ; la stratégie de mobilisation sociale pour une gestion domaniale et foncière consensuelle et le renforcement des capacités des services. Le rapport synthétique des EGF présente le diagnostic le plus complet des questions foncières et des politiques du Mali qui ait été fait jusqu'ici. Toutefois, il n'identifie pas les causes structurelles des problèmes rencontrés. Les dynamiques dans le temps ne sont pas traitées puisque ce rapport ne donne qu'une vision instantanée des problèmes de l'administration et de la gestion foncières. Il n'examine pas les liens et les interactions entre les différents aspects de la question foncière qu'il traite comme s'ils étaient indépendants les uns des autres et il propose une série de recommandations (plus de soixante) pour chacune des questions traitées, sans s'interroger ni sur leur compatibilité ni sur leurs contradictions, et n'établit ni priorité ni calendrier pour leur mise en œuvre.

Les obstacles auxquels se heurtent les tentatives pour améliorer l'accès à la terre

A Bamako, les tentatives pour améliorer l'accès à la terre se heurtent à une série d'obstacles dont:

- Un cadre juridique et réglementaire qui induit des procédures pour accéder à la sécurité foncière (par le titre de propriété, en principe) si sélectives qu'elles excluent la majorité des ménages ;
- Une concurrence intense pour accéder à la terre entre différentes catégories de ménages qui n'ont pas le même accès à l'information ni les mêmes relations sociales ;
- Un écart important entre les règles et les pratiques avec, comme résultat pour la population, une mauvaise appréciation de ses droits fonciers ;
- Une réticence forte de la part de l'Etat à reconnaître et à formaliser la propriété coutumière ;
- Des capacités limitées de l'administration foncière pour traiter les demandes de sécurité foncière ou de formalisation de la tenure ;
- Une corruption généralisée dans l'administration foncière qui résulte à la fois des prérogatives de l'Etat, de la juxtaposition de plusieurs filières d'approvisionnement en terres, avec une grande variété de tenures, et de la coexistence de prix de marché et de prix administrés ;
- Le blanchiment d'argent provenant de trafics illicites dans le foncier et l'immobilier ;
- La sous-estimation par l'Etat des contraintes sociales, culturelles et politiques dont il faut tenir compte pour tenter d'améliorer l'accès à la terre : une réforme de la gestion et de l'administration foncières est un sujet hautement politique et les réponses techniques ne sont pas suffisantes.

On peut considérer que la majorité des personnes qui ont intérêt à changer le cadre juridique de la gestion foncière ne sont pas en mesure de l'imposer alors que la majorité de ceux qui sont en mesure de faire des changements n'ont pas intérêt à les faire.

Poser le bon diagnostic est un préalable à toute recommandation pertinente

Alors que les différents modes d'accès à la terre ont fait l'objet d'analyses de la part des chercheurs et des experts, peu d'entre eux ont essayé de décrire l'ensemble du système d'approvisionnement en terres.

Cette étude vise à montrer comment les filières d'approvisionnement et le marché foncier qui leur est associé forment un système, ce qui implique que tout changement dans l'un des éléments du système peut avoir un impact sur les autres. Une meilleure compréhension de ce système devrait permettre d'évaluer les conséquences possibles d'une mesure spécifique de politique foncière. Le système d'approvisionnement en terres permet, par exemple, de comprendre qu'accroître les réserves en terres publiques et réaffirmer les prérogatives de l'Etat n'améliorent pas forcément l'offre de terres pour les ménages ayant des revenus faibles puisque les parcelles attribuées par les pouvoirs publics sont fréquemment vendues sur le marché informel avant que les opérations de formalisation n'aient été menées à leur terme.

Améliorer l'accès à la terre dans les villes d'Afrique : une question très sensible

L'accès à la terre dans les zones urbaines et périurbaines et dans l'hinterland rural des villes africaines, marquées par la fréquence de la pauvreté et un taux de croissance démographique très élevé, est une question très sensible. Les dysfonctionnements du secteur foncier freinent les investissements et le développement économique et ont des conséquences très lourdes sur les modes de vie, la paix sociale et la stabilité politique. Des objectifs politiques inappropriés et un manque de contrôle sur l'approvisionnement en terres constituent une menace majeure pour les gouvernements.

L'approche ici présentée n'est pas seulement valable pour Bamako. Une analyse, sur ce modèle, de la situation et de la dynamique du marché foncier dans les villes d'Afrique de l'Ouest, qui ont une histoire commune et qui partagent des cadres juridiques et des systèmes d'administration foncière très semblables, permettrait une meilleure compréhension des obstacles auxquels se heurtent les mesures conventionnelles pour rendre l'accès à la terre plus efficace et équitable.

Alors que les acteurs engagés dans les transactions foncières savent que les politiques publiques mises en place au cours des dernières vingt années ont été défaillantes et que l'écart entre les revenus des ménages et le coût d'accès à la terre n'ont cessé d'augmenter, les élus, les fonctionnaires, les décideurs et les professionnels semblent impuissants. Cela ne vient pas seulement d'intérêts divergents, du manque d'outils appropriés ou d'une absence de volonté tique ; c'est aussi le résultat d'une compréhension insuffisante des procédures à suivre pour accéder au sol. Cette étude a pour objet de l'améliorer afin de surmonter les obstacles à un accès plus inclusif à urbain.

Notes

1. Le terme de lotissement est souvent mal utilisé. Selon le décret n°05-115 du 9 mars 2005 (qui fixe les modalités de réalisation des différents types d'opérations d'urbanisme), "le lotissement est la subdivision d'un terrain vierge d'un seul tenant en parcelles avec des aménagements appropriés d'infrastructures et équipements collectifs pour accueillir les constructions à réaliser par les occupants futurs". Le décret précise qu'un lotissement ne peut être créé que sur un terrain doté d'un titre foncier ; il doit avoir été autorisé par le Directeur régional de l'Urbanisme et de l'Habitat et approuvé par le gouverneur de la région ou du district de Bamako. Par infrastructures et équipements collectifs, le décret entend « les travaux de voirie, d'assainissement, d'adduction d'eau, d'électricité et de téléphone ». Le travail de terrain mené pour cette recherche a montré que les habitants comme les autorités utilisent ce terme de lotissement pour qualifier des opérations très différentes les unes des autres. Il y a six types de lotissements (voir chapitre 3) : 1) les lotissements coutumiers ; 2) les lotissements préfectoraux (ces deux types de lotissement concernent de la terre coutumière et ne sont en principe pas autorisés) ; 3) les lotissements communaux qui font suite à une opération de réhabilitation et régularisation et qui sont autorisés si le plan d'urbanisme de la commune a été approuvé en conseil des Ministres ; 4) les lotissements communaux non autorisés ; 5) les lotissements privés autorisés et 6) les lotissements privés non autorisés.
2. Il faut aussi rappeler que cette étude ne porte pas sur la situation des locataires et des occupants à titre gratuit qui représentent la moitié de la population du district de Bamako et qui appartiennent, pour la plupart d'entre eux, aux catégories les plus défavorisées.

Index

Les encadrés, figures, notes et tableaux sont indiqués par e, f, n et t respectivement.